JN261204

改訂
造園用
手工具・機械及び作業法

独立行政法人　高齢・障害・求職者雇用支援機構
職業能力開発総合大学校　基盤整備センター　編

は し が き

　本書は職業能力開発促進法に定める普通職業訓練に関する基準に準拠し，「園芸サービス系」系基礎学科「農業機械」のための教科書として作成したものです。

　作成に当たっては，内容の記述をできるだけ平易にし，専門知識を系統的に学習できるように構成してあります。

　本書は職業能力開発施設での教材としての活用や，さらに広く園芸サービス分野の知識・技能の習得を志す人々にも活用していただければ幸いです。

　なお，本書は次の方々のご協力により作成したもので，その労に対して深く謝意を表します。

　　　　　＜監修委員＞
　　　　　　西　村　　　昇　　　西村造園土木株式会社
　　　　　　吉　村　金　男　　　株式会社 吉村造園

　　　　　＜改定執筆委員＞
　　　　　　佐　藤　　　敦　　　神奈川県立平塚高等職業技術校
　　　　　　吉　村　知　泰　　　株式会社 吉村造園

　　　　　　　　　　　　（委員名は五十音順，所属は執筆当時のものです）

平成23年3月

　　　　　　　　　　　独立行政法人 高齢・障害・求職者雇用支援機構
　　　　　　　　　　　職業能力開発総合大学校 基盤整備センター

目　　次

第1章　造園作業用道具と安全衛生

第1節　道具・機械の恩恵 …………………………………………………………………… 1
第2節　安全衛生作業について ……………………………………………………………… 2
　2.1　服装及び保護具(3)
　2.2　安全点検及び整理・整頓(4)
　2.3　運搬作業及び高所作業(5)
　2.4　建設機械及び造園用機械作業(6)
　2.5　災害発生時対応(8)
学習のまとめ ………………………………………………………………………………………… 9

第2章　用途別の手工具と機械工具

第1節　剪定用工具 …………………………………………………………………………… 11
　1.1　鋏の種類(11)
　1.2　工具の種類(19)
第2節　植栽・土工地ならし用工具 ………………………………………………………… 23
　2.1　植栽工具の種類(24)
　2.2　土工地ならし用工具の種類(28)
　2.3　支柱取付け工具の種類(34)
第3節　竹垣工作用工具 ……………………………………………………………………… 42
　3.1　竹垣工具の種類(43)
第4節　石材工事用工具 ……………………………………………………………………… 60
　4.1　石材加工工具の種類(61)
第5節　運搬用具 ……………………………………………………………………………… 66
　5.1　運搬用具の種類(67)
　5.2　運搬補助具の種類(89)
第6節　仕上げ用工具 ………………………………………………………………………… 92
　6.1　鏝の種類(93)
第7節　清掃用具 ……………………………………………………………………………… 97
第8節　園芸用具 ……………………………………………………………………………… 101
　8.1　園芸用具の種類(102)
学習のまとめ ………………………………………………………………………………………… 108

第3章 その他の工具及び機械類

第1節 電動工具 …………………………………………………………………………… 110
　1．1　電動工具の種類(110)

第2節 小型機械類 ………………………………………………………………………… 113
　2．1　小型機械の種類(113)

第3節 大型建設機械類 …………………………………………………………………… 120
　3．1　整地・運搬・積込み用機械の種類(120)
　3．2　掘削用機械の種類(126)

学習のまとめ ………………………………………………………………………………… 128

索　引 ………………………………………………………………………………………… 129

第1章 造園作業用道具と安全衛生

第1節　道具・機械の恩恵

　太古の時代より人間は火を熾(おこ)すためのもの，狩りを行うためのもの，稲作を行うためのものなどを「道具」として発明し，試行錯誤を繰り返しながら使いやすいように改良を重ねて生活や仕事をしてきた。現在に至るまでその行為は繰り返し行われ，生活や仕事が安全に能率よく行えるようになってきている。私たちがこれから携わろうとしている「造園」という仕事にも多くの道具・機械が存在しており，前述のようなことが行われ現在の造園作業が行われている。

　造園作業に必要な道具類は，大別して2つに分けられる。1つは人力を動力源とした伝統的な在来工法の道具類と，もう1つは機械を駆使する近代的な機械工法の道具（機械）類である。いずれも道具の適切な使用法をよく習得して，安全に効率よく作業を進めることが重要である。特に機械工法においては在来工法を熟知した上で作業を行うとより安全に効率よく作業を行うことができる。

　在来工法と機械工法の例をあげてみると，従来は刈り込み鋏(ばさみ)を使用していた作業を電動式又はエンジン式のヘッジトリマと呼ばれる機械で作業を進めたり（図1-1），図1-2のような大木の移植作業では，従来は神楽桟(かぐらさん)，ウインチ，チルホール，滑車，道板，ころ，腰板，かんざしなどを使用して作業を進めていたが，現在ではホイールクレーンと呼ばれる重機を使用しての作業などがある。このような機械工法の利点としては，作業者の疲労軽減とより安全に効率よく作業を行うことができるところである。ただし，諸々の現場状況により機械工法による作業が不可能な場合は在来工法で作業を進めることもある。

　また道具ではないが服装も藍染(あいぞめ)の地下足袋(じかたび)，七分ズボン，乗馬ズボン，脚絆(きゃはん)，股引(ももひき)，腹掛(はらがけ)，絆纏(はんてん)，手甲(てっこう)など昔からの職人姿にも手元足元を巻き締め，作業がしやすいようにするなどの理由があり，それぞれ試行錯誤の末に，より安全に効率よく作業を行うことができる形になっている。

　「道具は自分の手だと思え」「いい道具で作業をするといい仕事ができる」などの言葉があるように，道具類は大切に使用し，使用後は適切なメンテナンスを施し翌日の作業に備えるという心構えが必要であり大切である。

(a) 刈込バサミを使用しての作業 　　　　　　(b) ヘッジトリマを使用しての作業

図1-1　在来工法と機械工法①

(a) 在来工法による樹木の立曳移動作業 　　　(b) 機械工法による樹木のつり上げ移動作業

図1-2　在来工法と機械工法②

第2節　安全衛生作業について

　私たちがこれから携わろうとしている「造園」という仕事は、屋外作業、高所作業[*]、重量物運搬作業、機械・重機取扱作業を行うことから重大事故が発生しやすく、また現実に発生している分野である。いったん事故が発生すると、本人は肉体的精神的ダメージを受けるが、本人のまわりの家族、会社（所属先）、発注先（施主）などにも多大な迷惑をかけることになる。私たちはこのようなことを肝に銘じて作業を行わなくてはならない。

　災害は、道具・機械などの不安全な状態と作業者自身の不安全な行動（動作）が絡み合い発生するものである。不安全な状態は日頃の点検・メンテナンスの実施で、不安全な行動

---

[*]　**高所作業**：足の位置の高さが地上2m以上での作業のこと

（動作）は作業者自身の安全に対する意識を高めることや日頃の体調管理に努め万全の体調で作業に臨むことにより防止可能である。この作業者自身の安全に対する意識を高める方策として，「作業者同士でその日の作業内容において危険と思われる項目をあげ，その項目に対して安全対策を考える」というKY（危険予知）活動や腰痛防止などのため，作業前のラジオ体操やストレッチを習慣づけるとよい。この活動は実際の現場はもちろん，訓練施設でも実施している。

「安全はすべてに優先する」という言葉があるが，各作業内容に合った事故防止の知識を習得しその対策を講じるとともに，労働安全衛生法や同施行令や労働安全衛生規則などの内容を理解し，必要であれば該当する資格を取得する。

2.1　服装及び保護具

（1）作業服
作業服は作業がしやすく安全で清潔なものを着用する。気温に応じて着衣の調整を行う必要はあるが，夏場の樹木管理作業の場合は枝の切口による怪我防止や毛虫などの害虫による虫害防止のため長袖シャツを着用する。

（2）履物
造園作業，特に樹木整枝剪定作業の場合は，樹皮保護及び枯れ枝感知のために地下足袋を着用する。最近は防寒用の厚手タイプや指先保護のための硬質樹脂入りタイプなどがあり，季節や作業内容で使い分けることができる。

また，石組作業や草刈作業時は安全靴が有効である。

（3）手袋
手の保護及び汚れ防止や防寒のために着用し，必要に応じて素材を選ぶ。玉掛作業やバラなどの有刺植物やボク石を扱うなどの場合は革製を着用し，振動機器を扱う場合は防振タイプを着用する。

（4）保護めがね
樹木の整枝剪定作業時の枝葉による怪我防止や消毒作業時の薬剤による薬害防止，動力機器扱い時の飛散物による怪我防止に有効である。

（5）保護マスク
消毒作業時の薬剤による薬害防止に有効である。

（6）保護帽（ヘルメット）
墜落・転落・転倒時や飛来物から頭部を守る。あごひもは確実に締めないと衝撃を受けたときに脱げてしまう。安全衛生規則で高所作業時には必ず着用すると規定されているが，平常作業時にも必ず着用する習慣をつける。

なお，保護帽は労働安全衛生法に定められた規格に適合し，かつ製造メーカでの型式検定

に合格したものを必ず着用する。また，耐用年数が切れた場合や外傷がなくとも大きな衝撃を受けた場合，変形・損傷がある場合は直ちに着用をやめ，新品と交換する。

（7） 安 全 帯

「造園」という仕事は墜落災害が多発しており，安全帯はなくてはならないものである。

労働安全衛生規則で高所作業時には必ず着用すると規定されている。また，労働安全衛生法に定められた規格に適合したものを使用し，耐用年数が切れた場合や外傷がなくとも大きな衝撃を受けた場合や変形・損傷がある場合は直ちに着用をやめ新品と交換する。

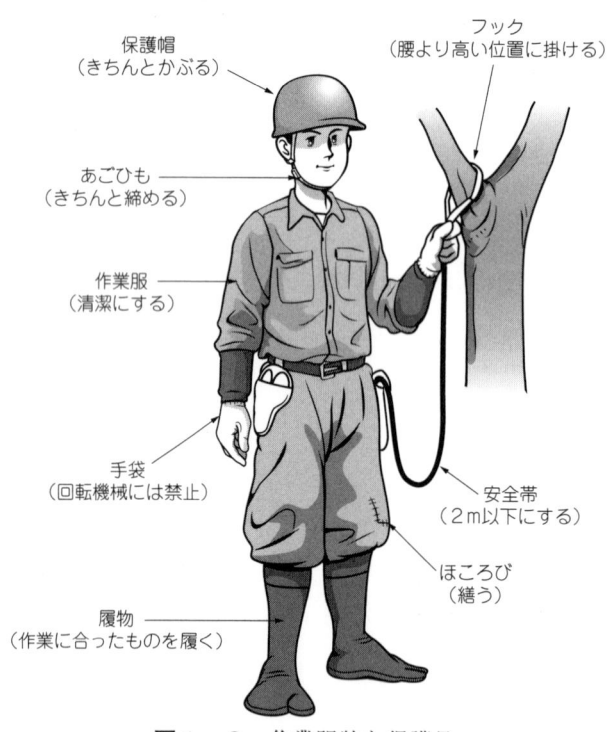

図1-3 作業服装と保護具

2.2 安全点検及び整理・整頓

（1） 安全点検

道具類にとって日頃からの点検は欠かすことができないものである。点検は点検確認項目リストなどを作成し，作業前，作業中，作業後に行う習慣をつけるようにする。このことは安全作業・災害防止・作業の高効率化に繋がる行為である。

（2） 整理・整頓

整理とは不用品を片付けること，整頓は道具・材料などをあるべき場所に使いやすいように正しく置くことである。道具類，材料などの整理・整頓は，作業中，作業後を問わず行う習慣をつけるようにする。現場に出る前の道具出し・材料出しや現場での安全通路の確保など，安全作業・災害防止・作業の高効率化につながる行為である。

2.3　運搬作業及び高所作業

（1）　運搬作業

　造園作業では，人力で樹木，石，土，セメント，砂利，砂などの重量物の移動・運搬を行うことが頻繁であり，それに伴う災害も多く発生している。

　しかし，次のような対策を採れば災害を防ぐことができる。

1）　持ち運ぶ距離，経路，場所に支障がないかを確認する。

2）　持ち上げるときの姿勢は腰を十分に落として，背筋をできるだけまっすぐに伸ばし，手を移動する物に深く掛け，背でなく腰とひざを使い，体に沿わせるようにして持ち上げる（図1－4(a)「ひざ形」）。

　腰を伸ばし上体を反らせて持ち上げるデリック形（図1－4(b)）だと腰に相当負担がかかりギックリ腰になるおそれがある。

（a）ひざ形　　　　　（b）デリック形

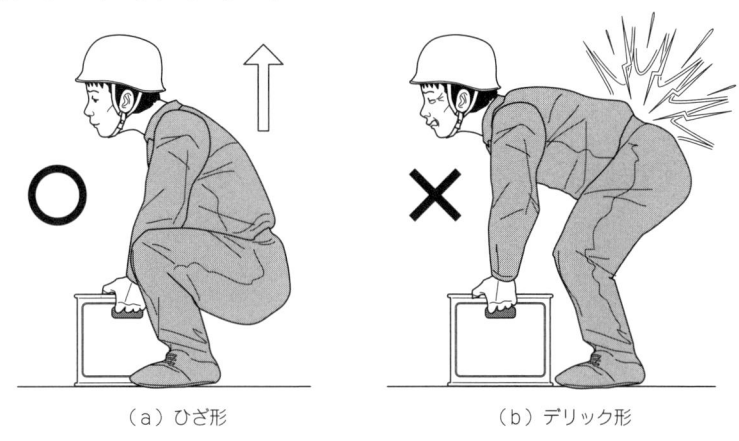

図1－4　品物の持ち上げ方

3）　人力のみで扱うことのできる重量の目安は，男性で体重の約40％，女性は体重の約24％といわれており，連続作業のときはさらにその約70％となる。

4）　2人以上の複数人で行う場合は次のことに留意する。

　①　体力，身長が同じような人をそろえる。

　②　移動する物の重さが各人に均等に掛かるようにする。

　③　指揮者を決め，指揮者の合図で作業を行う。

（2）　高所作業

　造園作業の中の樹木の整枝剪定作業における死亡災害の約50％が墜落災害であるので，次のことに留意しながら作業を行う必要がある。

　1）　梯子・脚立での作業

　　①　水平面に立て，地面に対して75°前後に掛ける。

　　②　梯子は上部を60cmぐらい枝の上方に出し，転倒防止のため必ずロープで結束する。

　　③　脚立は開き止め金具を必ず掛けること。また，差込み（3本目の脚を出さずに，梯子として使用すること）の場合は，枝と上部を転倒防止のため必ずロープで結束す

る。
　④　昇降時には，1段目に乗って安定を確認し，手に物を持たず3点支持の体勢で反動をつけずに後反りにならないようにする。
　⑤　安全帯・ヘルメットは必ず使用する。
2)　立木上での作業
　①　手や足，安全帯を掛ける場合は枯れ枝，腐れ枝を確認する。
　②　必ず3点支持の体勢でバランスを保ちながら作業を行う。
　③　剪定枝を落とすときは樹下の安全を必ず確認する。
　④　安全帯・ヘルメットは必ず使用する。
　　場合によっては胴綱を使用することもある。

2.4　建設機械及び造園用機械作業

　建設機械及び造園用機械を扱う場合は，労働災害を防止するため安全教育を受けることが重要である。特に表1-1に示す一定の危険性・有害性の高い業務などについては，免許を有する者や技能講習の修了者でないと就業することができない。
　また，労働災害を防止するための管理を必要とする表1-2に示す一定の作業については，資格を有する者の内から作業主任者を選任し，作業者の指揮などを行う。

表1-1　建設業に必要な主な資格（危険・有害業務）

労働者	業務内容		資格（又は教育）要件	規則条文
建設荷役運搬機械等	車両系建設機械（整地，運搬，積込み及び掘削用）運転者	機体重量3t以上のもの	動力を用い，かつ，不特定の場所に自走できるものの運転の業務，ただし，道路上の走行運転を除く。	技能講習修了者	安衛令20(12)
		機体重量3t未満のもの		特別教育修了者	安衛則36(9)
	車両系建設機械（基礎工事用）運転者	機体重量3t以上のもの	同　上	技能講習修了者	安衛令20(12)
		機体重量3t未満のもの		特別教育修了者	安衛則36(9)
	基礎工事用建設機械運転者	動力を用い，かつ，不特定の場所に自走できるもの以外のものの運転の業務		特別教育修了者	安衛則36(9-2)
	車両系建設機械（基礎工事用）の作業装置の操作を行う者	動力を用い，かつ，不特定の場所に自走できるものの作業装置の操作の業務（車体上の運転者席における操作を除く）		特別教育修了者	安衛則36(9-3)
	車両系建設機械（締固め用）運転者	動力を用い，かつ，不特定の場所に自走できるローラー運転の業務（道路上の走行運転を除く）		特別教育修了者	安衛則36(10)
	不整地運搬車運転者	最大積載量1t以上の不整地運搬車の運転の業務（道路上の走行運転を除く）		技能講習修了者	安衛令20(14)
		最大積載量1t未満の不整地運搬車の運転の業務（道路上の走行運転を除く）		特別教育修了者	安衛則36(5-3)

(表1-1つづき)

建設荷役運搬機械等	高所作業車運転者	作業床の高さ10m以上の高所作業車の運転の業務（道路上の走行運転を除く）	技能講習修了者	安衛令20(15)
		作業床の高さ10m未満の高所作業車の運転の業務（道路上の走行運転を除く）	特別教育修了者	安衛則36(10-5)
	フォークリフト運転者	最大荷重1t以上のフォークリフトの運転の業務（道路上の走行運転を除く）	技能講習修了者	安衛令20(11)
		最大荷重1t未満のフォークリフトの運転の業務（道路上の走行運転を除く）	特別教育修了者	安衛則36(5)
	ショベルローダー等運転者	最大荷重1t以上のショベルローダー又はフォークローダーの運転の業務（道路上の走行運転を除く）	技能講習修了者	安衛令20(13)
		最大荷重1t未満のショベルローダー又はフォークローダーの運転の業務（道路上の走行運転を除く）	特別教育修了者	安衛則36(5-2)
クレーン等	クレーン運転士	つり上げ荷重が5t以上のクレーンの運転（跨線テルハを除く）	免許取得者（クレーン運転士）	安衛令20(6) クレーン則22
		1. つり上げ荷重が5t以上のクレーンの運転（跨線テルハを除く） 2. 床上で運転し，かつ，運転者が荷の移動とともに移動する方式の5t以上のクレーンの運転	技能講習修了者	安衛令20(6) クレーン則22
		1. つり上げ荷重が5t未満のクレーンの運転 2. 跨線テルハの操作	特別教育修了者	安衛則36(15) クレーン則21
	移動式クレーン運転士	つり上げ荷重が5t以上の移動式クレーンの運転	免許取得者（移動式クレーン運転士）	安衛令20(7) クレーン則68
		つり上げ荷重が1t以上5t未満の移動式クレーンの運転	技能講習修了者	安衛令20(7) クレーン則68
		つり上げ荷重が1t未満の移動式クレーンの運転	特別教育修了者	安衛則36(16) クレーン則67
	玉掛作業者	つり上げ荷重が1t以上のクレーン，移動式クレーン，又はデリックの玉掛け	技能講習修了者	安衛令20(16) クレーン則221
		つり上げ荷重が1t未満のクレーン，移動式クレーン，又はデリックの玉掛け	特別教育修了者	安衛則36(19) クレーン則222
グラインダー	研削といし取替試運転作業者	研削といしの取替え又は取替え時の試運転	特別教育修了者	安衛則36(1)
溶接	ガス溶接作業者	可燃性ガス及び酸素を用いて行う金属の溶接，溶断又は加熱の業務	技能講習修了者	安衛令20(10)
	アーク溶接作業者	アーク溶接機を用いて行う金属の溶接，溶断等の業務	特別教育修了者	安衛則36(3)

（注：造園業に関係の少ないものを除く）

表1-2 建設業に必要な主な資格（作業主任者）

選任配置すべき者	業務内容	資格要件	規則条文
ガス溶接作業主任者	アセチレン溶接装置又はガス集合溶接装置を用いて行う金属の溶接，溶断，加熱の作業	免許取得者	安衛令6条(2)
型わく支保工の組立て等作業主任者	型わく支保工の組立て又は解体の作業	作業主任者技能講習修了者	安衛令6条(14)
足場の組立て等作業主任者	つり足場，張出し足場又は高さが5m以上の構造の足場の組立て，解体又は変更の作業	作業主任者技能講習修了者	安衛令6条(15)
地山の掘削作業主任者	掘削面の高さが2m以上となる地山の掘削の作業	作業主任者技能講習修了者	安衛令6条(9)
土止め支保工作業主任者	土止め支保工の切りばり又は腹おこしの取付け又は取りはずしの作業	作業主任者技能講習修了者	安衛令6条(10)

（注：造園業に関係の少ないものを除く）

2.5 災害発生時対応

万全な労働災害防止対策を行ったとしても不慮の事故は避けられないものである。そのときに大切なのは迅速な対応と再発防止体制である。

1） 事故発生時の通報先の確認

病院，警察署，ガス会社，電力会社，水道局，発注者，労働基準監督署などの電話番号，所在地のリストを作成し，作業員へ周知しておくこと。

2） 救急措置設備

救急箱などを常備し，設置場所を作業員へ周知しておくこと。また，救急箱の内容は常時点検すること。

3） 原因調査及び再発防止対策

直ちに事故原因の調査を行い，再発防止のマニュアルを作成する。そのときに大切なのは誰でも無理なく行うことができる内容にすること。

第1章　学習のまとめ

- 道具というものは先人の知恵と工夫が凝縮しているものなので大切に扱うことが必要である。
- 職人や作業者の労働疲労の軽減及び作業の安全化や効率化を図るため，各種機械類が現場で活躍しているが，狭い現場などではまだ昔ながらの工法で作業を行っているので，在来工法を十分に理解しておく必要がある。
- 造園作業という仕事は，高所作業や重量物を扱う作業などのことから危険職種の1つにあげられているので，十分に「安全」を理解し，「安全」に留意し作業を行うことが大切である。また，事故が発生した場合は迅速な対応ができる体制を整えておくことも重要である。

コラム

昔の棟梁などはお正月に1年間お世話になった「墨つぼ・墨さし・曲尺（かねじゃく）」をきれいに手入れをして床の間に飾っていた。

第2章 用途別の手工具と機械工具

造園作業には多くの手工具・機械工具類が使用される。この章では，工具の種類，作業方法，手入れ方法を理解する。また，安全についても認識しなければならない。

製作するものによって工具は選ばれ，使用する人によってはじめてその真価が発揮できるので，使用しやすいように常に工具の整備に心掛けることが大切である。

第1節　剪定用工具

剪定用工具には，木鋏，剪定鋏，刈り込み鋏，剪定鋸などがあり，剪定する枝の太さ，枝の高さにより工具を使い分けることが大切である。また剪定した後始末用に，手箒，竹箒，熊手，箕などが用いられ，補助工具としてはブロワー，運搬車，シュレッダー，草刈り用の鎌などが，高所においては脚立，梯子，高所作業車などが使用される。

1.1　鋏の種類

(1) 木　鋏

目　的

木鋏は，植木鋏という名で親しまれ，剪定作業には最も一般的に使用される。

特　徴

指を入れる部分を「わらび手」，刃の部分を「穂先」といい，この柄の形は枝を切ったときに，ほかの枝を挟んで損傷させないように工夫されている。

使用上のポイント

木鋏は，剪定鋏（図2-4）のようにばねがないので，長時間使用しても手に疲労を残さない利点がある。大きさ，形ともに各種類が市販されているので，手に合う鋏を選ぶとよい（図2-1）。

通常直径1cmぐらいまでの枝を切る鋏で，細い枝が込み合っている場所でも剪定作業をスムーズに行うことができる。直径5mm以下の細い枝を切るときには刃の穂先で，それ以上枝が太くなるほど刃の元で挟み手前に回すように切り，同時に片方の手で切り枝を持ち，切り

落とす方向に押すと刃切れがよい（図2－2）。直径1cm以上の太枝を切るには，剪定鋏又は枝切鋸（枝挽き鋸）を用いることが多い。

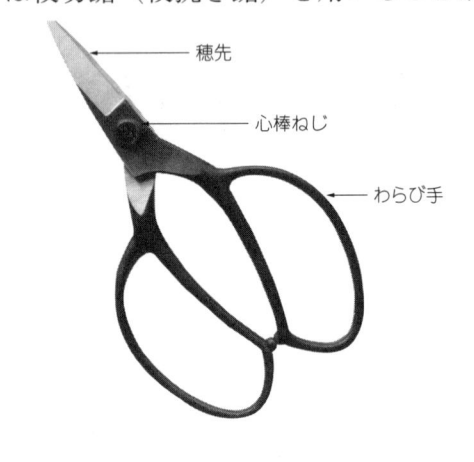

図2－1　木　鋏

図2－2　細かい枝切り作業

安全と注意事項

　高所での作業中は，落下させぬよう鋏ケースに収めて腰回りに携帯する（図2－3）。

メンテナンス（手入れ方法）

　使用後は，樹脂などの汚れを拭き取る。刃先の摩耗が著しいときは，荒砥石，中砥石，仕上げ砥石の順（以下，刃研ぎ仕上げはこの順に研ぎ仕上げる。）に研ぎ仕上げ，刃の部分と心棒ねじ部分に注油する。

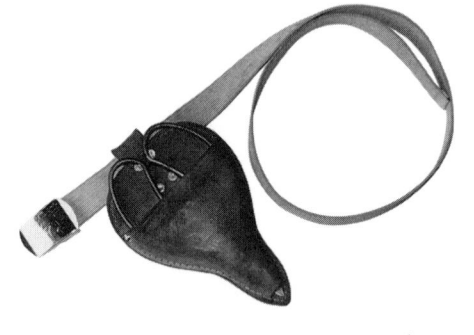

図2－3　木鋏ケース

（2）剪定鋏

　剪定鋏（図2－4）は，ヨーロッパから果樹剪定用として紹介されたものである。

目　的

　本来，剪定鋏は果樹剪定用であるが，目的としては庭木の観賞美よりも，できるだけ多くの木及び枝を剪定することであり，敏速にかつ，よく切れることを狙いとしている。枝先の込み合った剪定には不向きである。

特　徴

　太い枝の剪定に使用され，枝の堅さにもよるが，直径2cmぐらいまでの枝を切ることができる。少々太めの枝も切れることから，庭木や盆栽などの剪定に広く使用される。

使用上のポイント

　剪定鋏全体の構造は，木鋏とは異なり切り刃と受け刃が半円の弧状となっていて，握りと呼ばれる柄の内側にばねが仕込まれている。ばねにはゼンマイばねと虫ばねの2種類が市販されているので，手に合う鋏を選ぶとよい（図2－4）。

　剪定鋏で実際に枝を切るときは，切り刃（峰）を手前に向け，枝を反対側に押すように切る。そのとき，片方の手で切り枝を上に持ち上げるようにすると，太い枝も容易に切ること

(a) ゼンマイばね　　　　　　　　　(b) 虫ばね

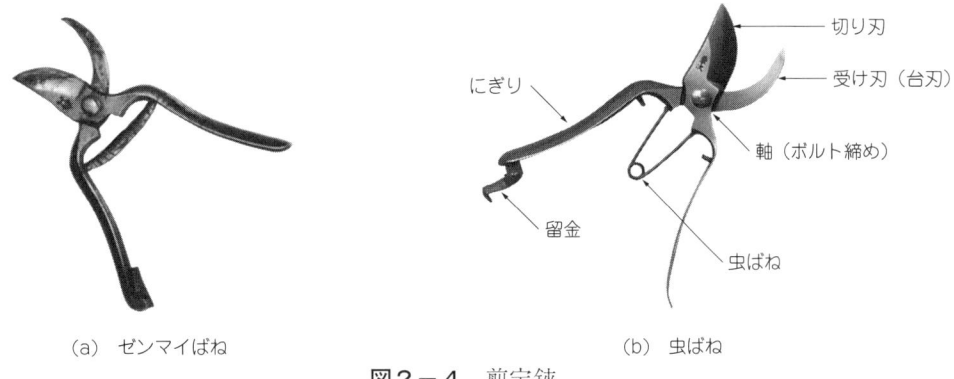

図2－4　剪定鋏

ができる（図2－5）。

安全と注意事項

高所での作業中に，落下させぬよう鋏ケース（図2－6）に収めて腰回りに携帯する。

図2－5　太い枝切り作業　　　　　　図2－6　剪定鋏ケース

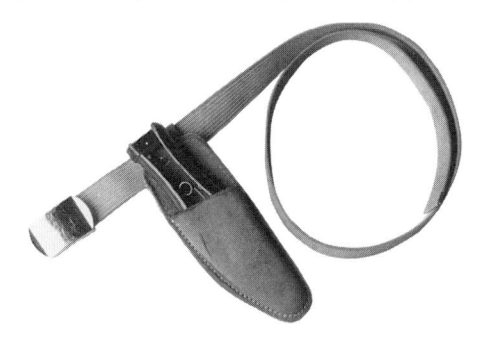

メンテナンス（手入れ方法）

剪定鋏を刃研ぎ（12ページ・メンテナンス参照）するときは，軸を緩め全体を分解して行う。刃研ぎ終了後は水分を拭き取って組み立て，軸部，刃部部分に注油する。

（3）高枝剪定鋏

目的

高枝剪定鋏は，長さ5～6mほどの竹ざおの先端に独特な鋏（図2－7）を取り付け，高い所の枝を刃元に当て，切り刃のひもを引いて枝を切る鋏である。

高枝剪定鋏は，夏期に枝葉が伸長して乱れた樹形を整えるときに使用される。このことを

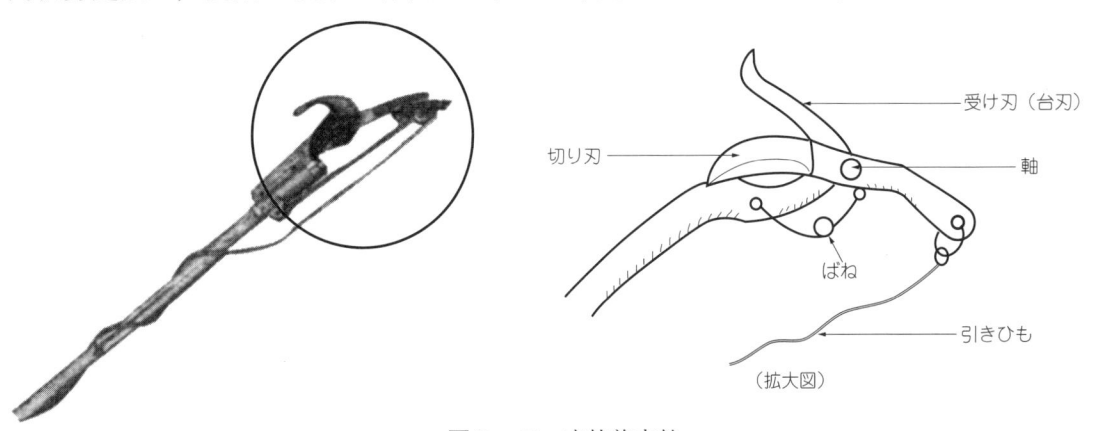

図2－7　高枝剪定鋏

軽剪定又は夏期剪定ともいう。また，樹木（主に落葉樹）の骨格剪定を冬期剪定ともいう。

特　徴

樹木の高さ3～4mくらいの枝を切る鋏は，軽金属製グリップ式高枝剪定鋏（図2-8）が広く使用される。さらに梯子，脚立などを使用すると目的の高さまでの作業が可能になる。

使用上のポイント

剪定鋏の切り枝径は枝の堅さにもよるが1.5～2cmぐらいまでである。これは鋏の刃で枝を挟み，ひもを引いて刃を動かして切るため，正確に切り枝を整えることができないからである。そのため細かい剪定には不向きで，樹芯に近い部分の枝透かしや抜き枝程度に用いるとよい。

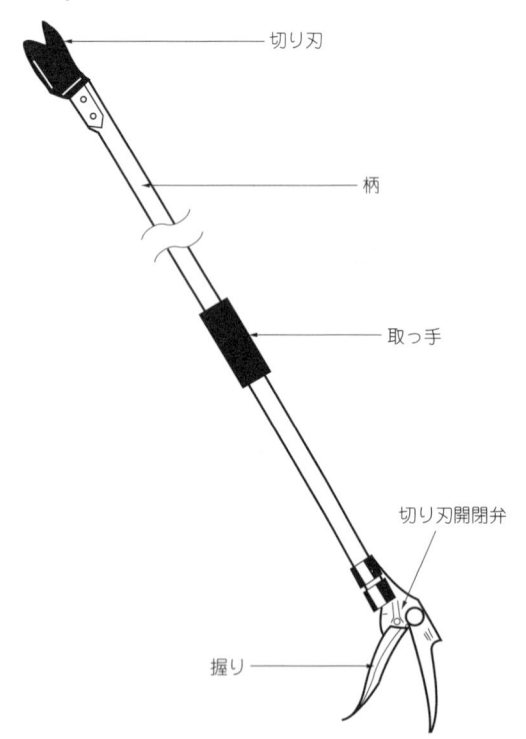

図2-8　グリップ式高枝剪定鋏

図2-9　高枝剪定作業

安全と注意事項

使用前には刃の摩耗，刃こぼれ，ひもの損傷などの有無を点検する。

特に軽金属製グリップ式高枝剪定鋏で脚立を使用するときは，バランスを崩しやすいので注意する。

メンテナンス（手入れ方法）

使用後は，刃に付着した樹脂などの汚れを拭き取り，摩耗の著しいときは刃研ぎ（12ページ・メンテナンス参照）をし，各部分に注油する。

（4） 刈り込み鋏

刈り込み鋏は，生垣，高垣，玉もの，玉散らし，洋風のトピアリー*などの人工的な仕立て物を刈り込む大型の鋏である（図2－10）。

（a）刈り込み剪定鋏　　　　　　　　　（b）芝刈り込み鋏

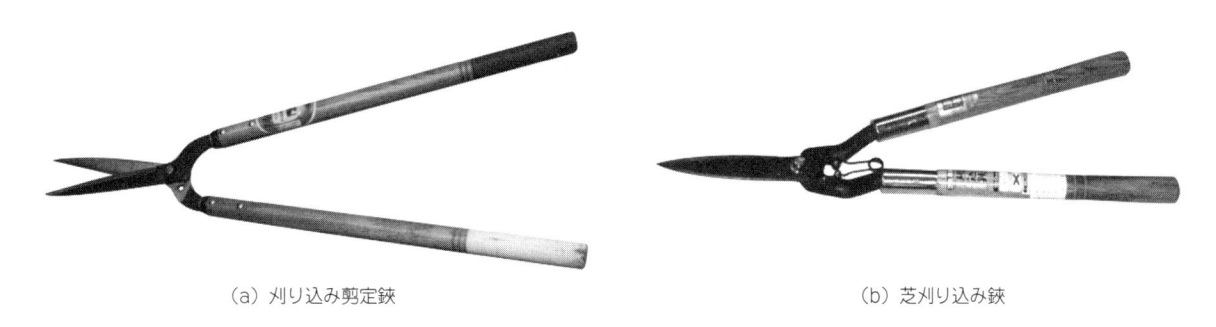

図2－10　刈り込み鋏

---

* **トピアリー**：樹木の整姿法（造園樹木の美観を高めるために，一定の形に整形する目的で，不用な枝葉の除去，刈り込み，幹や枝の誘引などを行う作業）の一技術で，刈り込みによって彫刻的表現をしたものである。なお，一般の整姿法は樹木本来の樹形を尊重するものであるが，トピアリーは樹木を剪定，刈り込みなどにより樹木を人工的に特定の形につくり，装飾樹としての美しさを極端な形に求めたものである。

トピアリーの例

訓練課題名	樹木の刈り込み作業	材　　料
		生垣

1. 概　要

刈り込み作業は，乱れた樹木の枝や葉を元の姿に刈り込み鋏で剪定し，全体を目的の樹形に仕上げる。

2. 作業準備

器工具等
　・脚立　・手箒　・竹箒　・箕　・刈り込み鋏

3. 作業工程

(1) 樹木の手前刈り　　　　　　　　(2) 樹木の先端刈り

訓練課題名	樹木の刈り込み作業	材　　料
		生垣

実　　　　習	関　連　知　識
1．脚立の取付け 　　脚立は，刈り込み作業の進行方向に向かって取り付ける。 2．刈り込み 　　脚立の桟上に立ち，片方の足を上一段越しの桟に掛け，樹木の手前下方から刈り始める。 3．天端刈り （1）手前下方から刈り始め，刈り枝を取り払いながら天端へと刈り上げる。 （2）鋏の届く範囲で刈り止める。 4．裏刈り 　　刈り込み作業工程を数回繰り返した後，裏刈りを行う。	【安　全】 ＊脚立が開いて倒れないように，支え棒と桟に開け留めひもを結束する。 「鋏の点検」 ・作業前に，鋏を点検する。 「鋏の表と裏」 ・鋏には，表と裏があり，柄を直立に持って自分の方向に刃先が反っている面が表，その反対側が裏である。 「芝刈り込み鋏」 ・刃先の反りが強く，肉薄になっている。 ・裏刃にわずかに溝がある。 「樹木用刈り込み鋏」 ・刃全体が肉厚になっている。 「鋏の使い方」 ・鋏は，手前下方から天端中央までは表使いとする。 ・鋏は，天端中央から先端までは裏使いとする。 天端刈り ・樹木の上面を刈ること。 ・表刈りと天端刈りが終了した時点で，樹木の裏側に移動して手前下方から天端中央に向かって刈り込む。鋏は表使いとする。

実　　　　　習	関　連　知　識
5．清掃と仕上げ作業 　　手箒で刈り枝などの引掛かりを取り払い，竹箒で集積して箕に取り入れ，清掃後打ち水する。	「鋏の研ぎ方」 ・角材を置きその一端に鋏の両先端を挟む。 ・摩耗の程度により荒砥石，中砥石，仕上げ砥石の順に表刃を研ぐ。 ・指先に軽く刃先を当て，指が吸い込まれるような感じになったら表刃の研ぎ上がりである。 ・次に砥石で裏刃をごく軽く研ぐ。

刈り込み剪定の時期（東京近郊の例）

常緑樹	針葉樹	落葉樹	花もの
7月～8月 ツゲ，シラカシ，マサキ，ベニカナメモチ，トウネズミモチ，ヒイラギモクセイ，イボタなど	7月～8月 サワラ，ラカンマキなど	7月～8月 ドウダンツツジ，ピラカンサスなど	6月～7月 ツツジ類，サツキ類

　いずれの樹種も，刈り込み剪定前に必ず徒長枝（樹木の枝のうち特に強盛に太く長く伸長しているものをいう）を切除する。なお，ツツジ・サツキ類の刈り込み剪定後の徒長枝には，花芽分化（植物の芽には花となるもの（花芽），葉となるもの（葉芽）があり，気温，日照その他により時期に達すると内部構造に差異が生じる。そこで花芽となるときを花芽分化と呼ぶ。）はしていない。

1.2 工具の種類

(1) 剪定鋸(せんていのこぎり)

目　的

剪定鋸は，木鋏や剪定鋏で挟み切ることのできない太い枝や枯枝などを切るのに使用する（図2-11）。

剣型鋸と刃掛け

櫛型鋸と刃掛け

薪挽き鋸と刃掛け

折り込み鋸

長柄鋸

替え刃式鋸

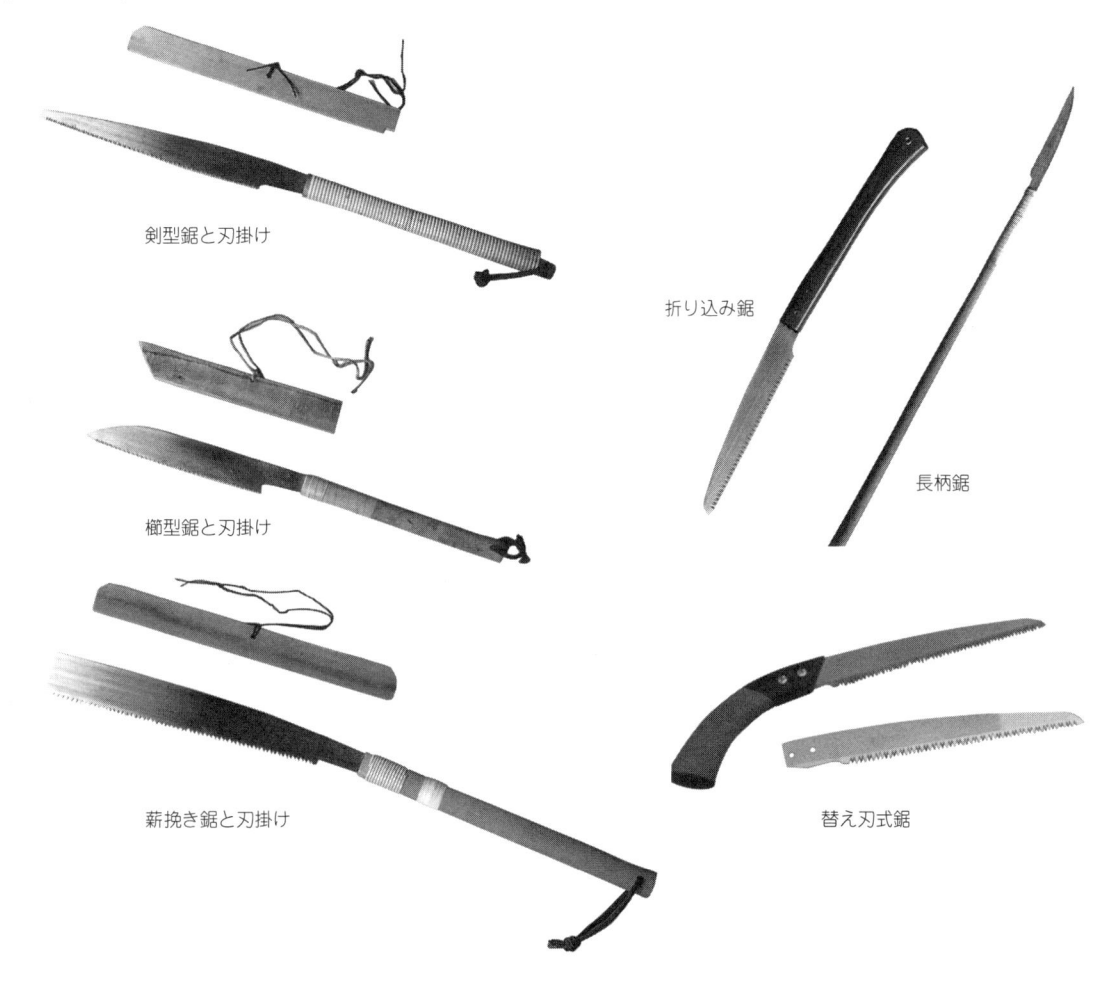

図2-11　各種鋸と刃掛け

特　徴

鋸の型の種類には，折り込み型，櫛型(くし)，長柄型(ながえ)，薪挽き型(まきび)などがある。鋸は用途により使い分けられるが，携帯に便利な折り込み型，櫛のように弓なりに丸みを持った櫛型，太い枝を切るときの薪挽き型（先端が角型と鼻丸型がある。），柄が最長2mくらいの長柄型がある。切り刃の構造は縦挽き，横挽きの差はなく横挽き構造である。

材料には，硬質と軟質があり，硬質の鋸は，刃先の峰を爪で軽くはじくと高い金属音が出て，軟質の鋸は，低い金属音が出る。

使用上のポイント

剪定鋸で枝を切るときは，切り取る枝先を反対側の手で支え，剥離(はくり)を防ぐ。

鋸の使用中に挽きが困難なときを「シブい」という。

20　造園用手工具・機械及び作業法

|安全と注意事項|

　鋸は，腰に装着した鋸ケースに収めて不要時の落下を防止する。

　高所作業で切り枝を落とす場合には，低所の作業員と声を掛け合い，安全の確認を行う。

|メンテナンス（手入れ方法）|

　剪定鋸に松やにが付着しているときは，石油でぬらした布で拭き取る。刃幅出し（アサリ出し）の後，目立てやすりで刃研ぎ仕上げをし，研ぎ上げ後は油をしみこませた布で軽く拭き刃掛け（刃の保護用の溝切り板）に収める。

　また，替え刃式鋸は，切れ味が落ちたら刃を交換する。

(2) 梯子（はしご）

|目　的|

　梯子は，脚立では届かない高い所の込み合った枝の剪定作業に使用される。

|特　徴|

　梯子の種類には，一般に多用される自家製の丸太梯子，軽い材料のアルミ製二連伸縮梯子（図2-12），丸太梯子より軽い竹梯子がある。高さを自在に調整することにより，高所作業が容易になり，また，狭い場所での作業が可能である。

図2-12　アルミ製二連伸縮梯子　　　図2-13　差し込み丸太，支え棒などを利用した梯子掛け

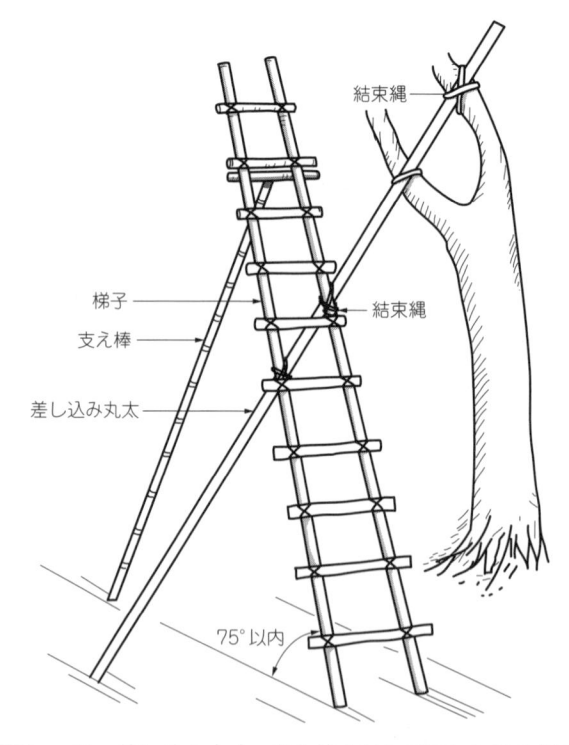

|使用上のポイント|

　梯子を使用するときは，まず樹木の幹・枝に丸太を差し込み，結束する。次に結束した差し込み丸太に梯子を寄せ掛け結束する（図2-13）。さらに倒れ防止用控え用ロープを張る。なお，梯子の上部にT字型支え棒を取り付けてもよい。

梯子の立て角度は，水平地面に対し75°以内に据え付ける。布掛け，横枝掛け*の場合は，結束した位置から先端末を60cm以上の長さに残す（図2-14）。また，作業中は，片足を一段越し掛けとする（図2-15）。

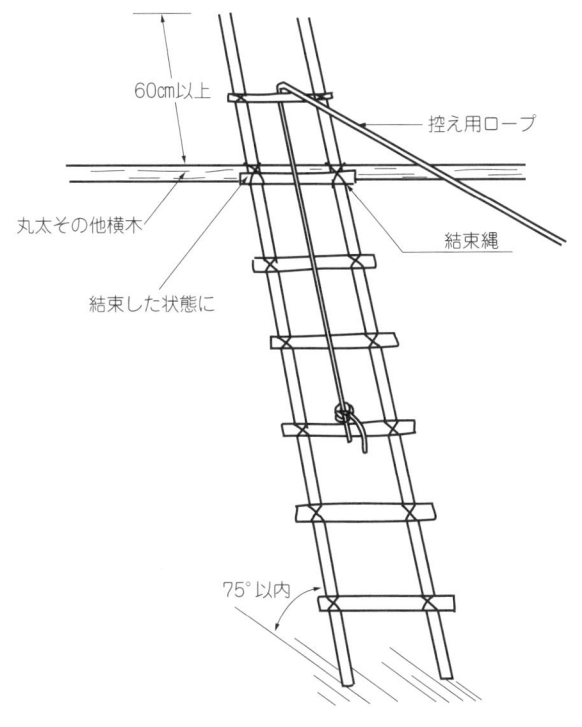

図2-14 布丸太へ掛けた梯子（布掛け）　　　**図2-15** 片足一段越し掛け

安全と注意事項

梯子は，使用前に腐れ，破損などがないか点検する。

メンテナンス（手入れ方法）

丸太梯子の補修は，横桟取付け部の釘，さらにその上の針金留めを交換する。二連伸縮梯子は，伸縮用ひもなどの損傷，各部の結束部分の緩みなどを補修する。

（3）脚立

目的

高い位置での枝の剪定，高垣などの刈り込み作業に使用される。

特徴

脚立には，使用者が作製する自家製脚立と市販されているアルミ製脚立がある。

自家製脚立の主要部は，長さ3～4m，直径5cmぐらいのスギ（杉）丸太又はヒノキ（檜）丸太を材料とし，2.5～3mほどの竹ざおを支え棒として上部裏桟に取り付け，開き留めひもを支え棒と横桟に結束したものである。必要に応じて現場で組み立てられるという利点がある。

アルミ製脚立は，軽量で持ち運びが比較的容易な上丈夫で安定性がよい。

---

*　**布掛けと横枝掛け**：布掛けとは，樹木の列植などの風除養生（かぜよけ）の方法の中に，支柱用丸太を横水平に取り付ける場合をいう。この丸太に梯子を掛ける場合と，樹木の幹からやや水平に出ている枝に梯子を掛ける場合を横枝掛け（ブッカケ梯子）という。

使用上のポイント

脚立の立て角度は，水平地面に対して75°以内に据え付ける。なお，横傾斜地盤に対しては，片方の脚部に厚板などで高さ調整を行い，なおかつ不安定なときは，支え棒の接地点を調整しながら低斜面方向に据えて安全を図る（図2－17）。

図2－16 脚 立

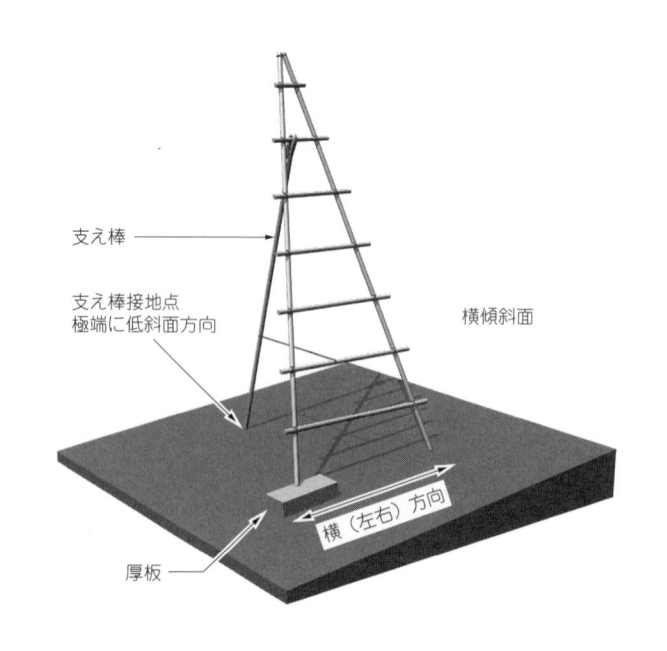

図2－17 横傾斜地盤脚立掛け

脚立に登っての作業は，通常，桟の上から3～4段目くらいを使用限度とし，片方の足を一段越しの桟に掛けての作業を基本とする。

安全と注意事項

脚立は，前後の動きに対しては安定感があるが，横方向（左右）の動きに対しては不安定なので，横方向の枝を切るときは無理な姿勢で作業をすると，バランスを崩しやすいので注意する。

自家製脚立は，使用前に必ず桟の取付け部，支え棒の取付け部，開き留めひもの有無などを点検する。

アルミ製脚立においては，使用前に補助支柱及び支え棒（開き留め金具）などの接続部分を点検する。

メンテナンス（手入れ方法）

自家製脚立は，支え棒（丸竹）の先端節留め部分より，約40～50cm下方の部分から裏桟丸太の外周と等しく丸竹の約半分を削り取る。削り取った部分の外側を温めながら削り取った方向へ水ぬれぞうきんで補佐しながら折り曲げる。完全に折れ曲がった時点で図2－18のように裏桟丸太に添え

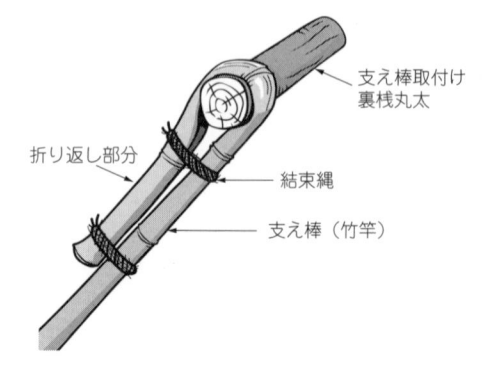

図2－18 支え棒（丸竹）の取付け詳細図

付け，結束縄（シュロ縄2本どり割掛け仕上げ）で2箇所以上結束する。

　脚立の使用後は，雨水の当たらない場所に保管する。腐れなどの著しいときには廃棄処分とする。

　アルミ製脚立も木製脚立同様使用後は，雨水の当たらない場所に保管する。

第2節　植栽・土工地ならし用工具

　樹木の掘取り作業には，スコップ，鶴嘴（つるはし），円匙（えんぴ），根挽鋸（ねびきのこぎり），木槌（きづち），脚立（きゃたつ），梯子（はしご），木鋏（きばさみ），枝挽鋸（えだびきのこ）などの工具類が使用される。中・高木樹木の建て込み作業は人力で行うことができるが，巨木の作業では二叉（にまた）を組んで，チェーンブロック，ウインチなどの在来工法又はクレーンを使用する機械工法で行う必要がある。

　土工地ならし用工具には，スコップ，鶴嘴，鋤簾（じょれん），レーキ，笄板（こうがいいた），一輪車などが使用される。遣方（やりかた）＊づくり用には，水平器，金槌（かなづち）などが使用される。整地用には，たこ，ランマなどの重量をかける地ならし工具が使用される。また，大規模工事ではトラクタドーザ，油圧ショベル，ローダ，不整地運搬車などの建設機械が使用される。

図2-19 掘取り

図2-20 積込み

図2-21 建込み

図2-22 植付け

図2-23 風除支柱取付け

＊　**遣方**：土工，施設工作物などの工事で，杭・貫板・水糸などを用いて，建造物の位置・高さ・形状などを標示するため現場に設ける仮設物。

建込み植付け後の風除支柱の取付け用工具には，前述の工具の他にペンチ，バール，掛矢（かけや）などが，仕上げ用工具としては竹箒（たけぼうき），箕（み）などが使用される。

2.1 植栽工具の種類

(1) スコップ，円匙（えんぴ）

a. スコップ

スコップは別名シャベル，ショベルなどと呼ばれ，種類には剣スコップ・角スコップ・練スコップなどがある。

目　的

① 剣スコップは，樹木の掘り取り，植穴掘り，庭の土面の掘り起こし，石の据え付け，土砂の掘削などに用いられ使用範囲の広い道具である。
② 角スコップは，土砂のすくい，コンクリートの小運搬などに使用される。
③ 練スコップは，コンクリートの練り工具として使用される。

特　徴

① 剣スコップは，足掛け部に片足を掛け力を入れると地中に深く挿入できる。足掛け部分は鉄板を曲げ足への衝撃を弱める加工が施されている。特に金属質がよいものは表刃を研ぎ，樹木の掘り取り，植え付けなどに使用される（図2-24(a)）。
② 角スコップは，足掛け部分が剣スコップと異なり，折り曲げがなく切りっぱなしである（図(b)）。
③ 練スコップは，練り面は砂利，砂，セメントの混合を密にするため他のスコップよりも小型である（図(c)）。

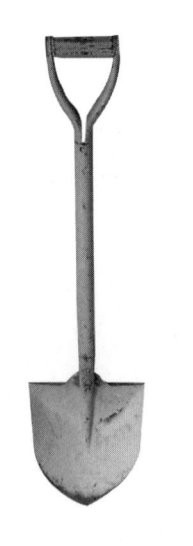

(a) 剣スコップ　　(b) 角スコップ　　(c) コンクリート練スコップ

図2-24　スコップ　　　　　　　　　　図2-25　スコップ作業

使用上のポイント

樹木の掘り取りや，植穴掘りなどの作業を行う際，スコップ表面に土が付着することがある。そのときは適宜，竹べら（図2－26）で土を落とし掘削作業を容易にする。

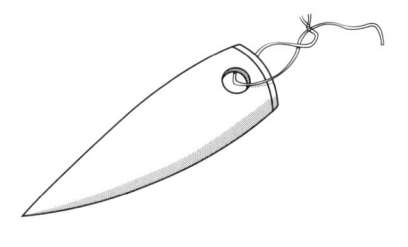

図2－26 竹べら

安全と注意事項

剣スコップの刃研ぎ直後に行う作業では，刃が鋭利なので，電気・ガス・水道管などの地中埋設物に注意を払い，切断などの損傷を防止しなければならない。

メンテナンス（手入れ方法）

練スコップ及び角スコップは，セメントの混練に使用することがあるので洗浄は作業終了後直ちに行い，セメントの固着を防止する必要がある。その後油脂などを塗布した布で拭き防せいを施す。剣スコップはグラインダ又は平やすりを用いて表刃に刃研ぎを行う。

b. 円匙（えんび）

円匙は，スコップの一種で，剣スコップに比べ表面が円形で，先端は鋭い刃のつくりとなっている（図2－27）。柄の部分から先端までは反りがなく，刃は裏刃である。

目　的

「断根法」と呼ばれる簡単な樹木の根回しを行う際に根元周辺の地面を突き刺し，側根を切断する作業に使用される。

特　徴

円匙は刃切れがよいため，樹木の掘り取りの際，鉢土（はちど）の付きがよく根の切り口に悪影響を及ぼさない。そのため側根を切断しても細根の発生が容易である。

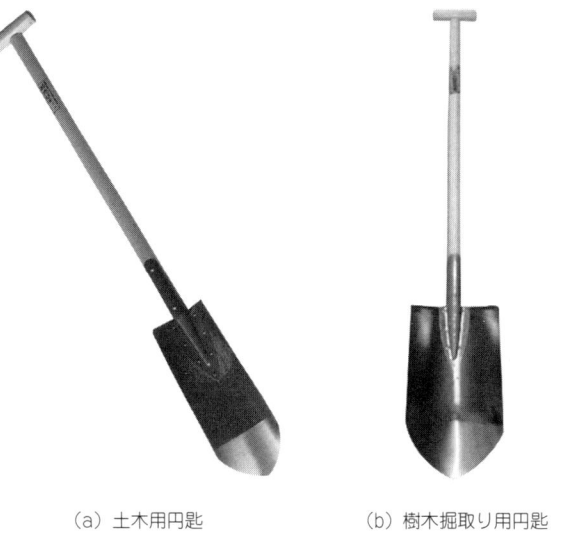

(a) 土木用円匙　　(b) 樹木掘取り用円匙

図2－27　円　匙

使用上のポイント

刃切れをよくするため，地面に一気に刺し込む。

安全と注意事項

円匙の刃先は鋭いので，負傷の原因となるような安易な放置をしてはならない。

メンテナンス（手入れ方法）

円匙使用後は，付着した土などの汚れを洗浄し，油脂などを塗布した布で拭き防せいを施す。摩耗が著しいときは適切な砥石で裏刃の刃研ぎを行う。

(2) 鶴嘴、鋤簾

鶴嘴は、柄は木製で、刃は両鶴と呼ばれる弦状に湾曲した鉄の両端をとがらせたものと、片鶴と呼ばれる片方のみをとがらせたものとがあり、刃のとがった様子が鶴の嘴に似ているのでこの名が付いたといわれている（図2-28）。

鋤簾には2種類あり、長い柄の先に箕のような鉄板製の刃を取り付けたものと柄の先の鉄板先端が鋼のつくりになっているものがある（図2-29）。

(a) 両先端をとがらせた鶴嘴　　(b) 片方のみとがらせた鶴嘴

図2-28　鶴嘴

目　的

鶴嘴は固い地盤を掘り起こしたり、岩石を掘削するのに用いる。

鋤簾は箕のようなつくりのものは土、砂利、コンクリートなどをかき寄せたり、敷きならしたりする作業に用いる。

特　徴

鶴嘴はとがった刃先により、固い地面の掘り取り、アスファルトや石を砕いたりし、平たい刃部で樹木の根を容易に切ることができる。

使用上のポイント

鋤簾は庭園内の整地、凹凸箇所の削り、ならしなどが容易にできる。

安全と注意事項

鶴嘴、鋤簾ともに、使用前には水に約5分間ぐらい浸し、柄の緩みを防止する。

また、作業を中断し用具を仮置きするときは、刃を下向きに、又は所定の場所に立て掛け安全作業に努める。

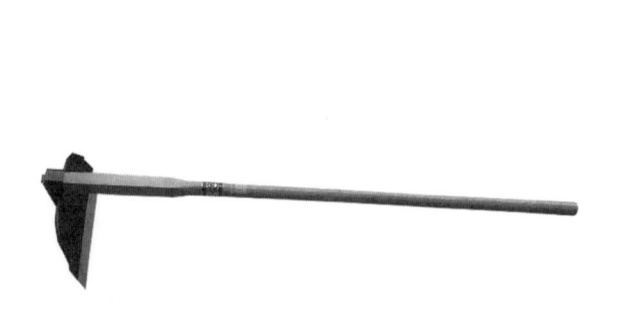

(a) 敷きならし用　　(b) 先端鋼付き鋤簾

図2-29　鋤簾

メンテナンス（手入れ方法）

　鶴嘴は，固い地盤などの掘り起こしに使用するため，先端の摩耗が著しいときは鍛造により先端を打ち，とがらせ硬く熱処理する。

　鶴嘴，鋤簾ともに付着した土などの汚れを洗浄し，油脂などを塗布した布で拭き防せいを施す。また，柄の付け根などの緩みの点検を行う。

（3）レーキ

　レーキは，爪と呼ばれる短い鋼の刃を櫛状に並べて長い柄を付けた熊手形の工具である。

　レーキの種類には，鋼板の打ち抜き加工製（図2-30）と鉄板加工製がある。

目　的

　レーキは，簡単な整地用として使用される。

特　徴

　芝張り施工では耕耘整地後に草の根，小石，ごみなどをかき集める作業に，ときには元肥を施す作業にも使用される。また，花壇の床づくり作業も芝張り施工と同様である。その他和風枯山水の庭などの敷砂（砂利）に砂紋を描くのに古来から板レーキが多用されている（図2-31）。

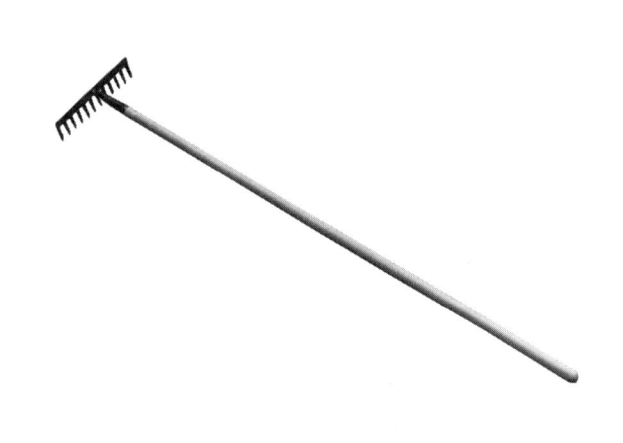

図2-30　鋼板の打ち抜き加工レーキ　　　　**図2-31　板レーキ使用の砂紋**

使用上のポイント

　レーキを使用しての瓦礫などの無理なかき出しは，爪曲がりや柄の破損の原因となるので大きな負担がかかる作業は避ける。

安全と注意事項

　使用の途中で仮置きする際，爪を上向きに置くと負傷事故の原因となるので爪を下に向けるなどの注意をはらう必要がある。

メンテナンス（手入れ方法）

　付着した土などの汚れを洗浄し，油脂などを塗布した布で拭き防せいを施す。また，爪の曲がりを直し，柄の緩みの点検を行う。

(4) 木槌

木槌は別名コノキリとも呼ばれ，カシ（樫），ケヤキ（欅）などの堅木の材料でつくられる（図2-32）。

|目　的|

池泉工事，土留工事などのコンクリート打設，造園施工における遣方の杭打ち，竹垣の立子竹[*1]の高さ揃えなどに使用される。

図2-32　木　槌

|特　徴|

コンクリート打設においては，型枠の隅々まで生コンがよく馴染むように，バイブレータと呼ばれる振動機とともに型枠のたたき用として使用される。

また，樹木の掘取り，根巻き[*2]で縄をたたき締める用具としても使用される（図2-33）。

図2-33　木槌作業

|使用上のポイント|

木槌による遣方杭，根杭などの打ち込みは，斜め打ちによる杭の頭割れを生じないようにまっすぐに打ち込むことが必要である。特に四つ目垣の立子竹の打ち込みでは割れが生じやすいので注意する。

また，根巻きの際に横根切り口などに直接当たらないよう注意が肝要である。

|安全と注意事項|

木槌を用いた根巻き作業では，太根の切り口を強くたたいて傷を付けてはならない。また，木槌に柄の緩みが生じているときは，くさびなどによる保守も必要である。

|メンテナンス（手入れ方法）|

使用後は，割れなどの損傷を確認し，同時に柄の緩みも確認する。

2.2　土工地ならし用工具の種類

(1) たこ，地鏝

a. た　こ

たこは直径30～50cm，長さ40～60cmのカシ，ケヤキなどの堅木に，1mぐらいの引き手棒を取り付けたもので，質量は20～50kgぐらいである（図2-34）。

昨今ではたこに代わってエンジン駆動のランマーが主流を占めている。ランマーは，強力

[*1] **立子竹**：竹垣で使用されている竹の名称で，例えば遮蔽垣で代表的な建仁寺垣に使用する縦使いの割竹や，透かし垣の四つ目垣に使用する縦使いの丸竹をいう。この両垣とも横使い竹は胴縁竹又は押縁竹と呼ばれている。

[*2] **根巻き**：樹木の移植において，不適期又は移植発根の弱い樹種などを安全に活着させる目的で，根鉢に土をつけた状態で掘り上げ，鉢土を移動中に落とさないように周囲をわら，こもなどで巻き上げること。

な反発力，衝撃，振動をもって砕石などを転圧締固めする機械で（図2-35），機体質量は30〜120kgぐらいである。

[目　的]

たこは，人力で引き手棒を持ちながら上げ下げし，地面や盛土又は基礎に敷き詰めた割栗石などを突き固める道具である（図2-34）。

また，地固めなどのほか，杭の打込み作業，庭園内の層塔，石灯籠，石仏などの重量物の基礎固めにも使用される。

[特　徴]

たこ自体の底部に鉄輪をはめ込み，質量増しと接地面の破損防止を兼ねている。

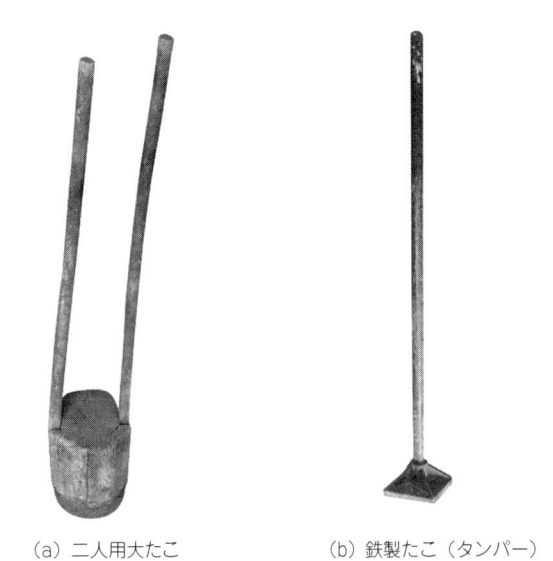

(a) 二人用大たこ　　(b) 鉄製たこ（タンパー）

図2-34 たこ（2人用）

[使用上のポイント]

たこには1人で扱う子だこ，数人で扱う大だこがあるが，大だこは2〜4人で引き手棒を持ち上下に動かしながら作業を行う。

また，大だこは上下反対にして杭などを打ち込む作業にも使用され，これを逆だこといっている。

[安全と注意事項]

たこは重量物なので足への傷害を防止するため，2〜4人用たこを使用するときは，互いに声を掛け合うなどの連携作業が必要である。また，引き手棒は，突くごとに振動で緩みやすいので，本体を貫通したボルトにナット締めを行う。

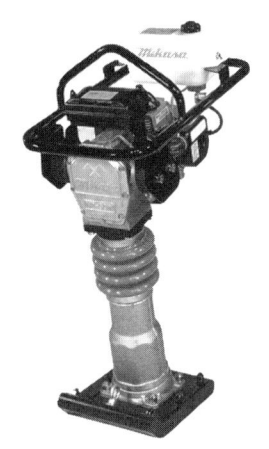

図2-35 ランマー

[メンテナンス（手入れ方法）]

たこの使用後は，鉄輪の脱落，引き手棒の緩みなどの点検を行う。特に外見からでは分かりにくい緩みは木槌などで打音により確認する。

b. 地　鏝

[目　的]

地鏝は別名締め鏝とも呼ばれ，土をたたき締めたり，地面を平らにならす作業などの土工全般に使用される万能工具である（図2-36）。

[特　徴]

造園施工では，低木，石などの据付け後の盛り上った土の表面を容易に押さえることができる。

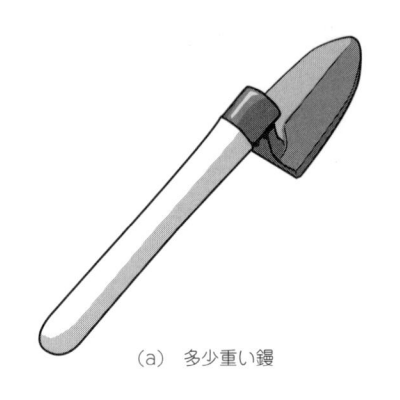

30 造園用手工具・機械及び作業法

(a) 多少重い鏝

鏝の厚みが薄い
冠(かつら)
(b) 多少軽目の鏝

図2-36 地鏝の種類

使用上のポイント

深草のたたき及び三州のたたきに使用される鏝は多少重量のあるものが好ましい。また、苔などの植付け後に使用される地鏝は、軽量のものが好ましい。

安全と注意事項

地鏝でたたき作業中、鏝の裏面に混合土が付着する。そのまま作業を続けると面が均一にならないので取り除く必要がある。なお、苔の植付け後の締め付けは、強くたたいて苔に傷を付けないよう注意する。

メンテナンス（手入れ方法）

土に白セメントや石灰を混合した素材を扱った場合は固着する前に洗浄する。普通の使用では付着した土などの汚れを洗浄し、油脂を塗布した布で拭き防せいを施す。

(2) 笄板（こうがいいた）

笄板（こうがいいた）は、別名掻板（かきいた）、手板とも呼ばれ、造園施工には欠かすことのできない工具である。

笄板は、高・中・低木類、株物及び地被類などの植栽や、石組・飛石（とびいし）・延段（のべだん）・敷石などの据付け、その後の地ならし仕上げ、敷砂利などのならし作業に使用される。一般に市販されていないので作業者自身が作製する工具である（図2-37）。

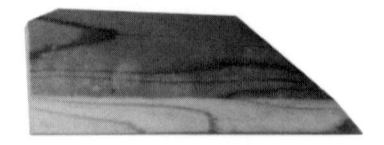

図2-37 笄板

訓練課題名	笄板での地ならし作業	材　　料
		スギ貫板　幅8〜10cm 　　　　　厚さ 1.5cm 程度 　　　　　長さ 24〜30cm

1. 概　要

笄板を使用し、庭石据付け後の石周り及び植込み地においての粒土などのかき出し、周辺地盤の凹凸箇所の削り、地ならしを行い全体を整地し仕上げる。

2. 作業準備

器工具等
　・笄板　・手箒　・竹箒　・箕　・如雨露　・一輪車　・スコップ

3. 作業工程

(1) 庭石の据付け後の突き固め

(2) 株物など細部の粒土などのかき出し

(3) 粒土のつぶし

(4) 瓦礫の取出し，凹凸箇所の削りならし

訓練課題名	笄板での地ならし作業		

実　　　　習	関　連　知　識
[笊板の製作] 　笊板は、スギ貫板を素材とし、使用者が製作する。 製作例1 　A面／B面／C面／D面　45°前後　25〜30cm　9〜10cm　1.3cm　裏刃 約40° 製作例2 　2.5cm　0.7cm　1cm　8.5cm　1.5cm　A面／B面／C面／D面　24cm　45° **1．庭石の据付け後の突き固め** 　笊板のD面で庭石の接地面を突き固める。 **2．株物（主幹がなく枝状の幹が叢状となるもの）など細部の粒土などのかき出し** 　石組、低木、株物、地被類（苔類）など、植付け後の根元周辺の粒土などをかき出す。	「笊板の製作」 ・笊板は、使用者が自分の癖、手の大きさなどに合うように製作する。 ・寸法、角度、厚さは参考であり、規定のものはない。 ・C面の裏側を斜めに刃の状態に鉋で削る。これを裏刃という。 ・笊板のB面を片手で握る。 ・笊板のA面を片手で握る。

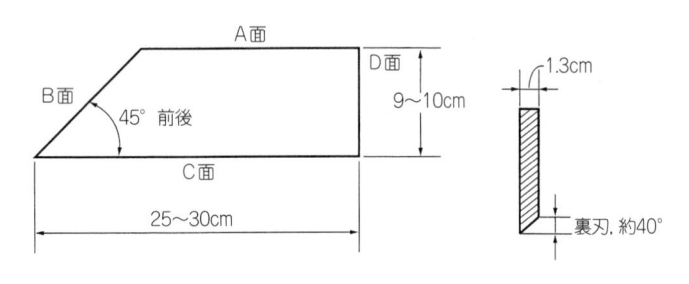

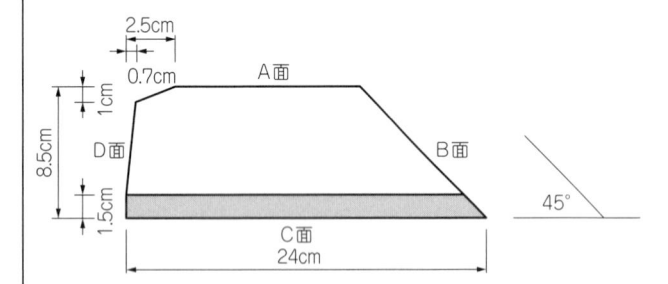

実　　　　　習	関 連 知 識
3．粒土のつぶし 　笄板のA面で中・小粒土をたたき細土化する。 	・笄板のC面を片手で握る。 
4．瓦礫の取出し，凹凸箇所の削りならし 　(1) 笄板のC面裏刃で凸部を削り，凹部は土盛りし全体を地ならしする。 　(2) 瓦礫などを取り出して箕にかき込み，所定の場所に集積する。 	・笄板のA面を片手で握る。 
5．発生残土の処理 　発生残土，瓦礫などを一輪車で場外に搬出する。 	・一輪車を用意する。
6．清掃と仕上げ作業 　(1) 発生残土，瓦礫などを処理したのち，細部は手箒で，周辺一帯は竹箒で清掃する。 　(2) 如雨露や手で打ち水する。	

2.3 支柱取付け工具の種類

(1) 金槌(かなづち)

金槌は,広い意味では,槌の部分が鉄製のものを総称して呼び,その中には石材を加工するハンマーも含まれている。しかし,一般的に金槌と呼ばれるものは玄翁である。

:::目　　的:::

造園施工では遣方の釘打ち,型枠の組立て,解体,簡単な釘打ち作業などに使用されている。

:::特　　徴:::

狭い意味での金槌とは,鉄製の槌の部分の一方が釘打ち用に平らな面で,もう一方の端は細くなって,釘を深く打ったり,穴を開けたりするのに使われるものと,釘抜きになっているものがある。釘抜きは先端が2つに割れており,その部分に釘の頭を挟み梃子(てこ)の原理で抜くようになっている。このような金槌の本体は全部が鉄製の場合が多い(図2-38)。

図2-38　金　槌

:::使用上のポイント:::

作業中は釘袋に収めて携帯すると便利である。

:::安全と注意事項:::

釘袋に入れて携帯する際に高所作業時に落下させないよう注意する。

:::メンテナンス(手入れ方法):::

使用後に,頭部釘打ち面が丸みを帯びた場合は,ヤスリ,台付き砥石などで平面に修正する。

(2) ペンチ

:::目　　的:::

ペンチは,一般に針金と呼ばれる亜鉛引鉄線などの切断,曲がっている釘の伸ばし,細かい作業での材料を挟み込むなどに使用する工具である(図2-39)。

:::特　　徴:::

造園施工でペンチを使用する作業は,風除支柱の取り付けと竹垣の製作のときである。風除支柱の取り付けでは,丸太と丸太の接点に釘を打ち,さらに針金掛けをする。竹垣製作では,竹と竹の接点には双方の竹に蹴込み*を付け針金掛けをする。

＊　**蹴込み**:竹の表面どうしを交差させるときに,竹の表面にくさび状の切り込みを入れる。

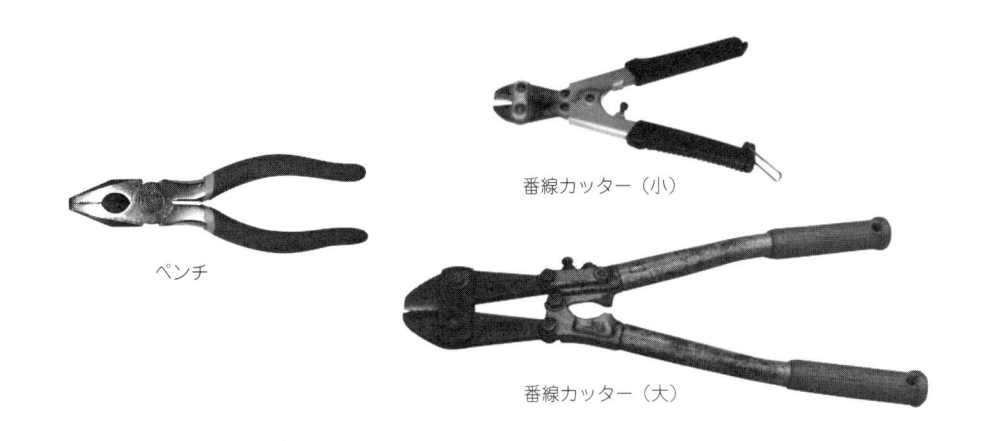

図2－39　各種ペンチ

使用上のポイント

作業中は手袋を着用し，ペンチを使用しながら針金をしごき（引張る），綾掛け[*1]，割掛け[*2]の順に掛け，割掛けのときにペンチを使用して割掛けをたたいて締め付ける。最後

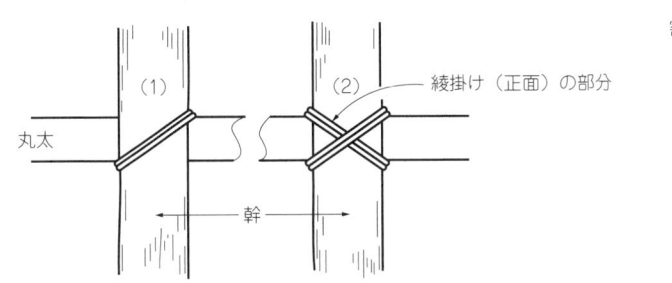

図2－40　綾掛け

図2－41　割掛け

にペンチで挟み締め付けながらねじり曲げる。また，長い釘の釘打ち中に曲がりが生じたときはペンチで曲がりを直し，挟みながら打ち込む方法もある。

安全と注意事項

ペンチで太い釘や針金などを切断するときは，ペンチの刃に沿って回すように握り込むと，刃こぼれを防ぐことができる。横に振ると刃がこぼれやすい。

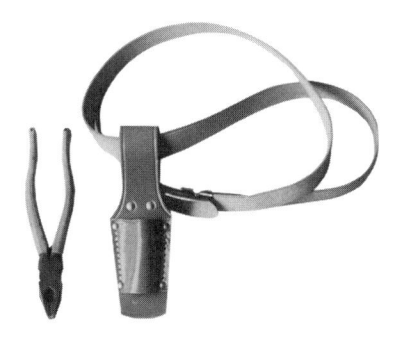

図2－42　ペンチと収納ケース

高所でのペンチ使用は，必ずペンチ収納ケースに収めて携帯する（図2－42）。

メンテナンス（手入れ方法）

使用後は刃こぼれの有無を点検し，油脂などを塗布した布で拭き防せいする。心棒軸部に注油し，ペンチ収納ケースに収める。

＊1　**綾掛け**：最初に縄の端末を丸太にとめ，図2－40(1)の斜め線のように丸太と幹（樹木）との最短距離を3回以上結束する。その後方向を変えて(2)の「綾掛け（正面）の部分」のように(1)と同様に最短距離を規定数結束する。

＊2　**割掛け**：綾掛けの後，同じ縄の延長で丸太と幹の間を数回綾掛けの巻き縄を締め付けながら，図2－41の「割掛け（側面）の部分」のように巻き付け，十分に締め付けた後，縄を双方に振り分け結束することをいう。

（3）突き棒

目的

突き棒は，垣根の柱，風除支柱などを穴を掘って立てるときに根元を堅固にするために土を入れて，突き固めるために使われる棒である（図2-43）。

特徴

仕様は長さ1.5m，直径5cmの太さの棒が手頃で使用しやすい。材質はカシ，ケヤキなど

図2-43 突き棒　　　図2-44 突き棒での作業

の堅木がよい。一般的には手頃な長丸太を切り使用することが多いが，あまり軽いと突き固めには不向きである。

使用上のポイント

突き棒で，柱，支柱などを確実に固定させるには，まず，穴に土を$\frac{1}{3}$ほど入れ底の部分全体を十分突き固める。その後徐々に土を入れ最上部まで突き固める。上下を完全に突き固めることで，柱などの建て込みは堅固になる。

また，樹木の植え付けのときに行われる土極めは，樹木の建て入れ（植え付ける樹木の最も自然の立ち姿），根の周りに土を入れ突き棒で十分に突き込む方法である。

安全と注意事項

突き棒で柱などの突込み時に，埋戻し用土に瓦礫などを混入すると十分な突き固めができず，後日補修する原因となるので，避けるべきである。また，突き棒と担ぎ棒を兼用してはならない。

メンテナンス（手入れ方法）

土などの汚れを落とし割れなどがないか確認する。

（4）掛矢

掛矢は，支柱用切丸太，根杭，垣根の親柱及び間柱，土留用杭などを地中に打ち込むとき

に用いられる。カシなどの堅い木材でつくられ，大型の木槌で振り上げる力を利用して容易に打込み作業ができる（図2－45）。

仕様は木槌の部分の直径は13～15cm，全体の長さ24～27cm，柄の部分が90cm程度である。

図2－45　掛　矢

訓練課題名	掛矢による根杭打ち作業	材　　料
		根杭　（長さ60cm）　1本 　　　（元口三方のめし） ・針金による結束 　釘（長さ10cm）　1本 　針金（♯18）　1.5m ・シュロ縄による結束 　シュロ縄　0.2束

1．概　　要

掛矢の根杭打ち作業は，移植樹木の風除支柱丸太の根元を固定補強し，倒木を未然に防ぐための施工作業である。

2．作業準備

器工具等
　　・掛矢　・金槌　・バール　・ペンチ　・鋏　・手箒　・箕

3．作業工程

(1) 根杭の位置付け

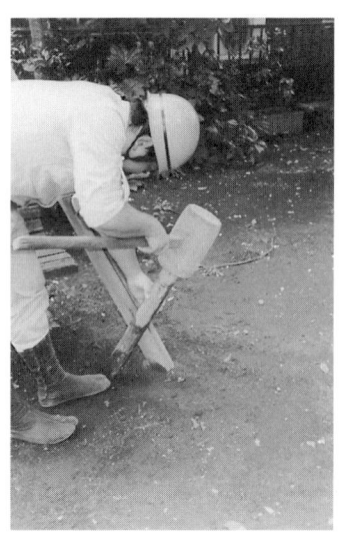

(2) 根杭打ち

訓練課題名	掛矢による根杭打ち作業

(3) 結　束

① シュロ縄による結束

② 釘打ち針金掛けによる結束

(4) 結束仕上げ

実　　　　　習	関　連　知　識
1．根杭の位置付け 　(1) 根杭の位置は，支柱丸太に沿わせる。 　(2) 根杭を片手で地中に差し，反対側の手で掛矢を軽くたたき仮留めをする。 2．根杭打ち 　(1) 根杭打ちは，あらかじめ仮留めした杭を掛矢で打ち込む。 　(2) 規定の寸法に達した時点で打ち止める。 3．結　　束 　［シュロ縄による結束］ 　(1) 水にぬらしたシュロ縄の端末を根杭に取り付ける。 　(2) 綾掛け，割掛けをする。 　(3) 縄を二方に振り分け結束する。	【安　全】 ＊根杭打ちのときは，作業場所に周囲の作業者を近づけない。 ＊掛矢は，整備されたものを使用する。 **掛矢の振り下ろし** ・根杭の頭をよく見定めて掛矢を振り下ろす。 **根杭の防腐剤の選定** ・根杭は，防腐剤注入，焼き磨きのいずれかを選び使用する。 **根杭打ち寸法** ・風除支柱丸太の根元は，地表面より30cm以上の根入れ（埋設部分）を確認する。 ・根杭の打込み角度は，地表面に対し約65°前後とする。 ・支柱丸太と根杭との接点中心部が，地表面より約10cm，根杭頭の出が接点中心部より約10cmとする。 ・シュロ縄を水にぬらしておく。 ・綾掛け3回以上，割掛け2回以上とする。

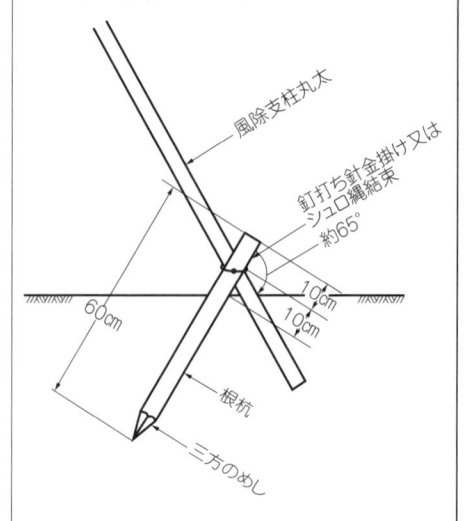

実　　　　　習	関　連　知　識
[釘打ち針金掛けによる結束] (1) 根杭から支柱丸太方向に釘を打ち，2本取りの針金の端末を少し残して，杭と支柱丸太の間に挟み固定する。 (2) 綾掛け，割掛けをする。 (3) 丸太の間に挟み固定した針金の端末部分に合わせ，針金をペンチでねじ曲げて結束する。 **4. 結束仕上げ（シュロ縄）** 　規定どおり結束後，掛矢で根杭の頭の一度打ちを行う。 **5. 清掃と仕上げ作業** (1) 手箕でシュロ縄，針金などの切りくずなどを取りまとめ，周辺の清掃をする。 (2) 取りまとめた切りくずなどを箕に入れ，所定の場所に処理する。	・綾掛け3回以上，割掛け2回以上とする。 ・根杭の防腐剤塗布は，支柱丸太の塗布材料に準ずること（防腐剤注入，焼き磨きなどがある。）。 **根杭打ち** ・掛矢による二度打ちは，一度打ちで締まった部分が緩むことがあるので注意する。 ・釘打ち針金掛けには，一度打ちは行わない。

第3節　竹垣工作用工具

　竹垣は，非常に多種多様で変化も多く，工具も種々使用されるが，垣根を製作する工具は，共通するものが大部分である。
　ここでは，3つに大別して，工具との関連性について述べる。

（1）遮蔽垣
　遮蔽垣は，向こう側が透けて見えない目隠しとなる竹垣である（図2－46）。建仁寺垣，銀閣寺垣，大津垣，清水垣，桂垣など多種多様である。製作に当たっては多くの工具を必要とする。

（2）透かし垣
　透かし垣は，向こう側が垣を通して見える竹垣である（図2－47）。四つ目垣，金閣寺垣，龍安寺垣，矢来垣，光悦垣など多種多様である。

（3）両者折衷垣
　両者折衷垣は，遮蔽垣・透かし垣を組み合わせた竹垣で，設置する周辺の環境に応じた垣根である（図2－48）。下透かし建仁寺垣など多種多様である。

図2－46　遮蔽垣（建仁寺垣）

図2－47　透かし垣（龍安寺垣）

図2－48　両者折衷垣（御簾垣＋四つ目垣）

　躯体づくりに必要な工具として，スケール，スコップ，鶴嘴，突き棒，鋤簾などがある。
　竹を加工する工具は，水平器，鋸，竹挽鋸，竹割り，錐，玄翁，ペンチ，繰り針，鋏，小槌，バール，鑿などで，最終仕上げの作業には，脚立，笄板，手箒，竹箒，箕などが使用される。

3.1 竹垣工具の種類

(1) 鋸，竹挽鋸

a. 鋸

　鋸は用途により種類があり，作業に適した形，構造となっているので，使用目的により使い分けることが大切である。

　目　的

　鋸は，丸太，角材，板などの木材や竹材などを切断するのに用いる道具で，鋸身と柄の部分に分かれ，鋸身は薄い鋼板の縁に多くの歯が刻んであり，柄は木製である。造園施工では竹垣製作の親柱，間柱となる丸太や，支柱，杭，遣方をつくるときの角材や板を切断するときなどに使用される。

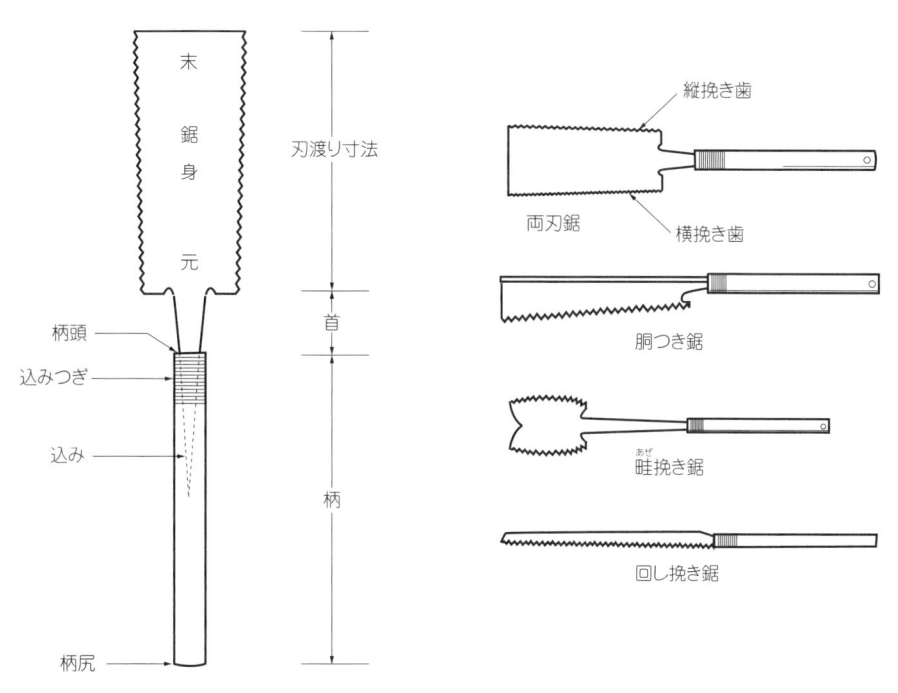

図2－49　鋸の種類と名称

　特　徴

　1）両刃鋸

　両刃鋸は，木工用として利用度の高い工具である。木目に対して平行に切る縦挽きと，木目に対して垂直に切る横挽きとがあり，歯を一枚の鋸身の両側に付けたものである（縦挽き，横挽き専用の片刃の鋸もある。）。

　2）胴つき鋸

　胴つき鋸は，木と木を接合するほぞ*をつくるなど，細かな細工に使用される工具である。歯が細かく，鋸身が非常に薄いため背金で補強している。

＊　**ほぞ**：木材など2つの部材を接合するとき，一方の材につくる突起。これを他方の材にこの突起を受ける穴を掘り差し込む。

3) 畦挽き鋸

畦挽き鋸は，板や柱に溝を付けるときなどに使用する工具である。鋸身が短く縦挽き用と横挽き用の歯が両側に弓状に丸く付いている。

4) 回し挽き鋸

回し挽き鋸は，板を円形に抜くときに使用される工具である。垂直に立てて使用するので鋸身は極端に細いが，厚みがあり腰が強くできている。

<u>使用上のポイント</u>

鋸での切断作業は，物の大小，長さを問わず枕（台）を敷くことが必要である。大物の切断は両手で切り，細工物のときは片手で静かに切る。また，長物の縦切りはくさびを挟みながら切り，マツ材などでヤニの噴き出る用材は，石油でヤニを拭き取りながら切る。

b. 竹挽き鋸

<u>目　的</u>

竹挽き鋸は，竹切り専用の鋸で，竹垣，丸竹支柱，筧や鹿おどし（僧都ともいう。）などの竹を使用する構造物にはなくてはならない工具である（図2-50）。

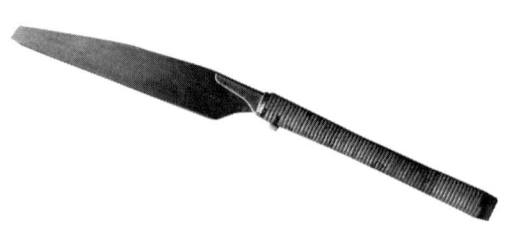

図2-50　竹挽き鋸

<u>特　徴</u>

竹垣をつくる材料の胴縁，押縁，立子などの竹は節留めにする。

竹の表面は木材より堅く，繊維は木材に比べ細かく縦に通っているので，竹を輪切りにするには繊維と垂直に鋸を挽く。よって鋸身の片側に横挽きの歯が付いている。

<u>使用上のポイント</u>

竹挽き鋸は一般的な鋸よりも歯が細かく，鋸身の面積も小さく櫛型である。

丸竹を切るときは，竹を回しながら切ると切断面にささくれができず，きれいに切ることができる。また，つる鋸及び弓鋸（図2-51）は，竹挽き鋸よりも切り口は美しいがこれらの鋸を使用するには熟練を要する。

図2-51　弓鋸とつる鋸

図2-52　鋸用の目立て用具

安全と注意事項

鋸はすべてアサリ（歯が外開きの状態）である。作業中引き具合が悪く（シブく）なったときは，速やかにアサリ出しを行い，目立て（歯を研ぐこと）をする。

メンテナンス（手入れ方法）

竹挽き鋸，その他の鋸の使用後は，樹脂などの汚れを拭き取る。目立てを必要とするときは，目立て用器具に刃を挟み小形のヤスリで研ぐ（図2-52）。

(2) 玄翁（げんのう）

目　的

玄翁は，木材などに釘を打ち付けるときに使用する工具である。

仕様は，大型が槌の長さ10.5cm，直径3.5cmで，10〜15cmの長さの釘を打つのに使用される。また，中型は槌の長さ8.5cm，直径3cmで，4.5cm前後の長さの釘を打つのに使用される。

特　徴

玄翁は槌の部分の一方は平らで，反対側は丸みがついている。最初に釘を平らな方で打ち，仕上げに木殺しと呼ばれる丸みの方で打ちつけると，丸みによって木材に傷をつけることがなく，釘を深く打ち込むことができる（図2-53）。

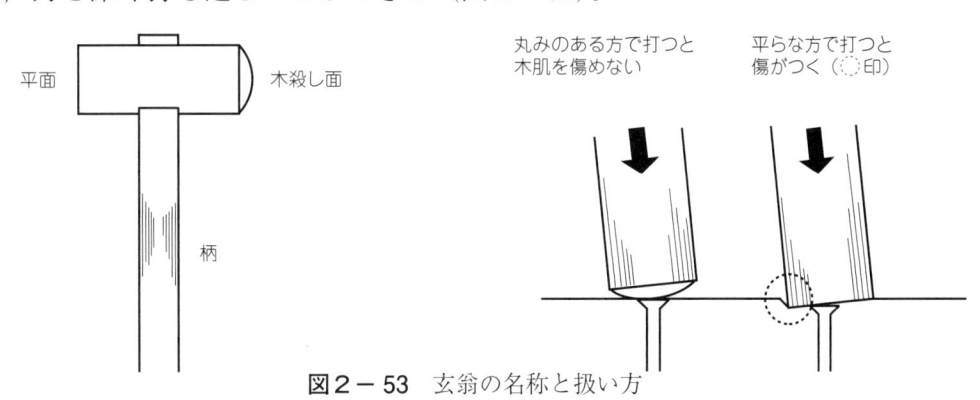

図2-53　玄翁の名称と扱い方

使用上のポイント

二脚鳥居の横木を打つときの釘の長さは13〜15cmで，大型の玄翁の使用が適している。小型の玄翁では，時間がかかり曲がりができやすい。

安全と注意事項

玄翁は，釘，かすがいなどの鉄製物を打つ工具であり，石をたたき崩す工具ではないので，硬い石をたたいて槌の部分を損傷させないよう注意する。

メンテナンス（手入れ方法）

玄翁の使用後は，柄の緩みの点検を行う。

(3) バール

バールは，別名釘抜き，鍛冶屋（かじや）とも呼ばれ，釘を引き抜いたり，物をはがすための鉄製の道具である（図2-54）。

目　的

造園施工では，玉石，敷石，飛石，縁石などの据え付けのときに，バールのかぎ型に曲がった背（外側）を利用し，突き棒がわりに周辺の土を突き固めたりするときや，スコップなどで掘れない狭小な部分の穴掘りにも使用する道具である。

図2-54　バール

特　徴

仕様は長さ30～40cmの小型のものから，長さ90～100cmの大型のものまである。バールの一方は鉤状(かぎじょう)に曲がってその先端が2つに割れている。その部分に釘の頭を挟み梃子の原理で抜くようになっている。もう一方の端は平らに打ち出し，先端をとがらせて小穴掘りや型枠支保工などの解体で物をはがす役割りをする。

使用上のポイント

バールで釘を抜くときは，バールの曲がり角で木材や丸太類に傷を付けないように，曲がり角の下に敷物を当て釘を抜くよう心掛ける。

安全と注意事項

バールの先端は鋭いので，負傷の原因となるような安易な放置をしてはならない。

メンテナンス（手入れ方法）

バールは，突き棒がわりに使用するときもあり汚れやすいので，使用後は洗浄する。

(4) 錐(きり)，棒刀錐(ぼうとうきり)

a. 錐

目　的

錐は，柄を手でもみ込んで木材や竹などに小さな穴をあけ釘道をつくるなどに使用される工具である（図2-55）。

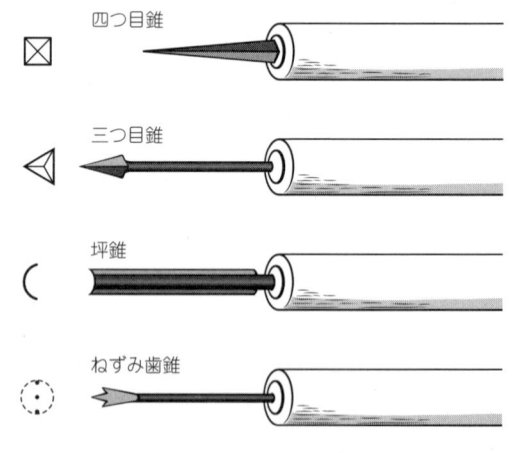

図2-55　錐の種類

特　徴

1) 四つ目錐

　四つ目錐は，四方錐とも呼ばれ，下穴，木釘，竹釘を打つときの下穴用に使用される。刃先の断面が正方形で深くもみ込むほど穴が大きくなる。

2) 三つ目錐

　三つ目錐は，刃先の断面が正三角形で，錐身は丸くなっている。一定の大きさの穴を深くあけるときに使用される。

3）坪錐

坪錐は、やわらかい木材に大きな穴をあけるときに使用され、刃先が半円状になっている。最初に刃先で軽く円を描いてからもみ始める。

4）ねずみ歯錐

ねずみ歯錐は、刃先が三つ歯に分かれている錐で、固い木材や竹材の穴あけに適している。

四つ目錐などのような手もみ錐のほかに、ハンドドリル（図2−56）、クリックボール（図2−57）などといった手動式の機械ドリルや電動錐などもある。

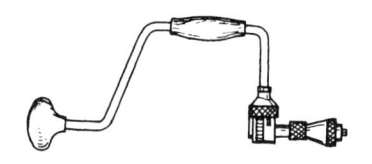

図2−56　ハンドドリル　　　　　図2−57　クリックボール

[使用上のポイント]

竹に直接釘を打ち付けると竹の繊維に沿って割れてしまうので、まず三つ目錐を竹に直角にもみ始め、刃先が少し竹に食い込んだときに斜め親柱方向に向けもみ込む。完全に貫通した後、もみ回しながら錐を抜き取る。その後穴に釘を打つようにする。

竹垣の作製中、親柱に胴縁竹を打ち付けるときは、胴縁竹の切り口は斜め切りとなっているので、釘は斜め打ちとする。

[安全と注意事項]

錐は、刃先がとがっていて危険なので、携帯時及び移動時にはケースなどに収めておく。

[メンテナンス（手入れ方法）]

錐の刃先の折れ、摩耗時には、砥石による刃研ぎを行う。保管は細い円錐形のケースの先端に油布を丸め込みその中に差し込むように収める。また、電動錐のバッテリーなどの点検も行う。

b. 棒刀錐（ハンドドリル）

[目　的]

棒刀錐は、らせん状の穂先と円棒状の首、T字形の回転柄でできた手動回転で穴を彫る工具である（図2−58）。

[特　徴]

棒刀錐は、竹垣の製作で親柱に胴縁竹を差し込むときの穴あけ用に使用される。その他電気ドリルもあり、このドリルは彫る穴の大きさにより切れ刃を変えることができる。

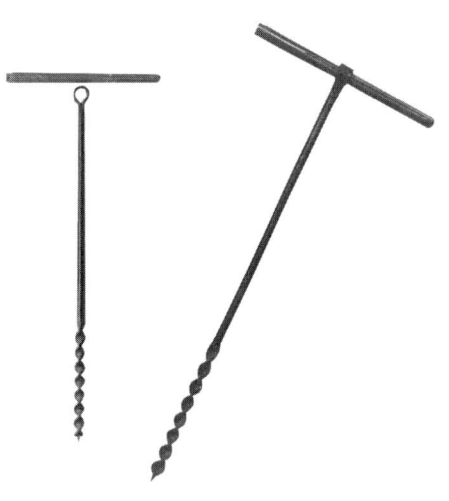

図2−58　棒刀錐

48 造園用手工具・機械及び作業法

[使用上のポイント]

　棒刀錐の使用に当たって，穴あけ作業中は丸太や木材などを一定方向にもみ込み，横振りをしないよう心掛ける。所定の深さに達した後，逆回転で抜き上げ，最後一気に抜き取る。

[安全と注意事項]

　使用中の横振りは，棒刀錐が折れることがあるので注意深く取り扱うこと。また，らせん先端刃の不整備は，仕上がりの不出来に関連するので手入れを怠らないこと。

[メンテナンス（手入れ方法）]

　棒刀錐のらせんの先端刃を必要に応じて研ぐ。

(5) 鑿(のみ)

[目　的]

　鑿は，木材にほぞ穴を彫ったり鉋(かんな)の入らない細い部分の仕上げに使用される工具で，最も一般的な追入れ鑿のほかに，向待鑿(むこうまちのみ)，丸鑿（以上はたたき鑿），鎬鑿(しのぎのみ)（仕上げ鑿）などの種類がある（図2－59）。

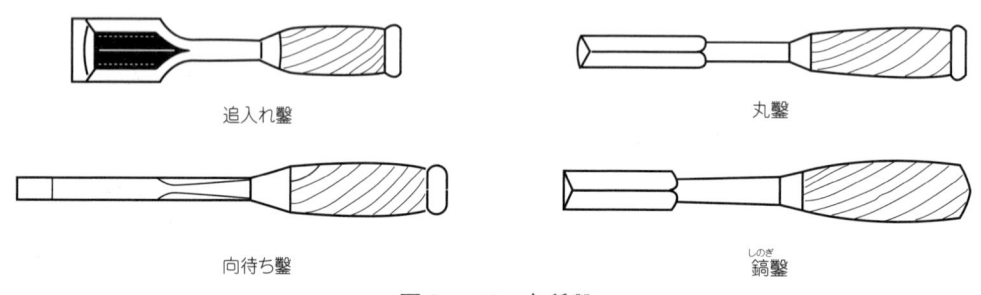

　　　　追入れ鑿　　　　　　　　　　丸鑿

　　　　向待ち鑿　　　　　　　　　　鎬(しのぎ)鑿

図2－59　各種鑿

　鑿は，鉄製の穂と呼ばれる刃物の部分と，首，柄の部分からなっている。種類は槌で柄頭(えがしら)をたたいて穴を彫るたたき鑿と，手で柄を押して削る仕上げ鑿に大別される。

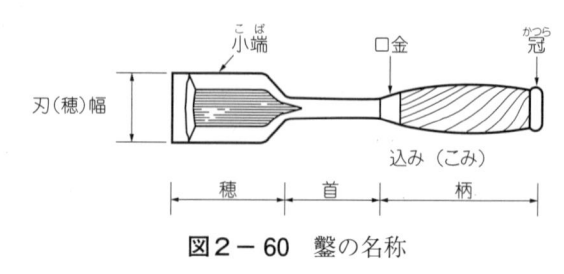

図2－60　鑿の名称

[特　徴]

　たたき鑿は柄頭に金属の冠(かつら)がはめてあり，仕上げ鑿には冠がないので，一目でたたき鑿か，仕上げ鑿かを見分けることができる。

[使用上のポイント]

　竹垣の製作では，親柱に胴縁竹を差し込むとき最初にドリルで穴をあけ，その穴の仕上げに丸鑿を使用する。また，御簾垣(みすがき)などを製作するときは，親柱，間柱に組子を差し込む溝を彫るときなどにたたき鑿が使用される。

　鑿は造園施工での使用も多く，作業状況に応じた使用を心掛けることが大切である。

[安全と注意事項]

　鑿は，刃先が鋭利に研ぎ上げてあるので，使用中は特に注意深く取り扱うこと。また，古材などの穴彫りのときは，古釘などの埋め込みで刃先を傷めるので注意する。

図2-61 追入れ鑿による縁取り 　　　　図2-62 向待ち鑿による溝切り

メンテナンス（手入れ方法）

鑿の刃研ぎ用砥石は，台付き砥石を使用する。摩耗の程度により，荒砥石，中砥石，仕上げ砥石の順に研ぎ仕上げ，研ぎ上げ後は油をしみこませた布で軽く拭き，鑿袋又は鑿箱に収める。

(6) 竹割り

目的

竹割りは，竹の繊維に沿って，縦に割ったり，そいだりする専用の鉈である（図2-63）。

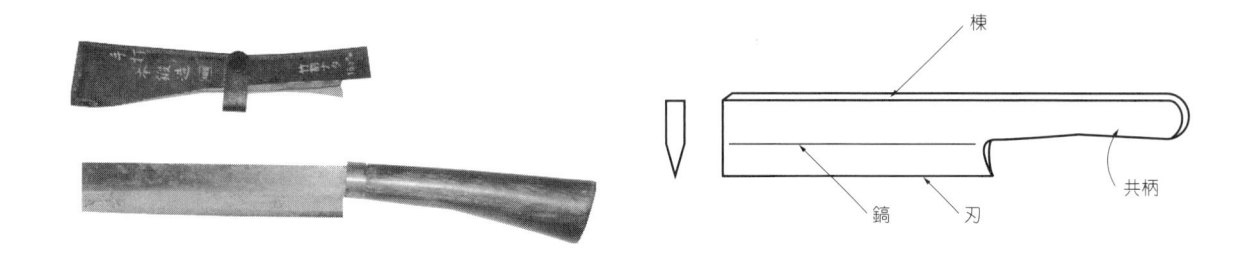

図2-63 竹割り

特徴

仕様は刃の長さ18～25cm，幅3～4cm，厚さ5mm前後である。刀身の構造は，刀剣でいう棟から刃に至る中間に鎬がある。この鎬が竹を割るときに割れを正確に導く働きをしている。竹割りとの違いは棟と鎬の間が少ないことである（図2-64）。

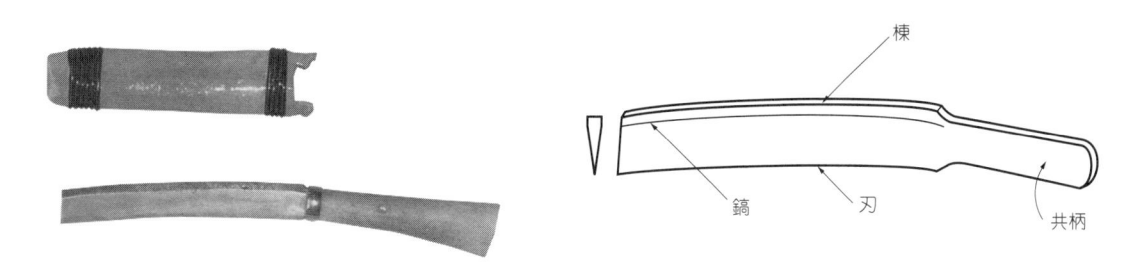

図2-64 竹削り

> 使用上のポイント

　竹割りは刃切れが少し悪くても支障はないが，竹削りは刃切れがよくなくてはならない。なお，関西方面では，竹を割るときに竹割り鎌を主に使用している。

> 安全と注意事項

　鉈同様に刃の部分があり，特に竹削りは刃切れがよくなくてはならず，よく研いで整備してあるので，取扱いには十分注意する。

> メンテナンス（手入れ方法）

　使用後は汚れを拭き取り，柄の付け根の緩みの点検を行う。刃研ぎを必要とするときは，台付き砥石を使用する（49ページ・メンテナンス参照）。刃研ぎ終了後は油をしみこませた布で軽く拭きケースに収める。

訓練課題名	竹割り作業	材　　料
		押縁用丸竹（7本×）1本 玉縁用丸竹（4本×）1本 割竹用丸竹（2～3本×） 　　　　　　　　　0.5本 ＊7本入れ（7本×）とは，直径約20cmの輪の中に7本入るものをいう。

1. 概　要

竹割りは，垣根の押縁竹，玉縁竹をつくる工程の準備作業である。

2. 作業準備

器工具等

　・竹割り　・竹削り　・竹挽き鋸　・山割竹割り器　・枕用角材　・木槌　・玄翁　・スケール　・むしろ

3. 作業工程

(1) 押縁・玉縁・山割竹の末口切落し　　　(2) 押縁竹の表割り

| 訓練課題名 | 竹割り作業 |

(3) 玉縁竹の裏割り

(4) 竹削り

(5) 玉縁竹の中節払い

(6) 山割竹割り

(7) 山割竹の裏面削り

(8) 山割竹の側面削り

実　　　　　習	関　連　知　識
1．押縁・玉縁・山割竹の末口切落とし，規定寸法切り (1) 押縁・玉縁竹の末口を切り落とす。 (2) 山割竹を規定寸法に切り落とす。 **2．押縁竹の表割り** (1) 押縁用丸竹の元口を固定し，切り落とした末口に芽を残すよう竹割りの刃に片方の手を当てる。 (2) もう一方の手で刀の棟を軽くたたき，丸竹に刃を食い込ませる。 (3) 5～6節割り進んだ時点で竹割りを抜き取る。 (4) 相方竹の割れ具合を見ながら，一方の竹を足で押さえ，反対側の竹を両手で上に上げ，途中厚さが不均一になれば薄割れを下部に，厚割れを上部に交換して元口に向かって割っていく。 **3．玉縁竹の裏割り** (1) 玉縁用丸竹の元口を固定し，切り落とした末口の芽に沿って竹割りの刃に片方の手を当てる。	【安　全】 ＊竹割り刀，竹削り刀は，刀が鋭利なのでいずれも使用のときは十分注意する。 ＊竹削りのときは，竹のとげなどがささらないように十分注意する。 ＊刃物を一時仮り置きするときは周囲の作業員に危害を与えぬよう十分注意する。 **竹の表** ・竹は，芽のある面が表である。 ・竹垣の押縁竹は表面使いが基本である。 ・竹の表面使いは，直線的で見栄えがよい。 ・竹の割面に凹凸部があるが，出来栄えは変わらない。 **元口と末口** ・竹材や丸太の根元に近い方を元口，反対側を末口という。 ― 語録 ― 　造園業界の先人達の教えに「木もと，竹うら」という言葉が残されている。これは，木材を割るときは元口から，竹を割るときは末口から割れ，という教えである。 ・玉縁用竹は，裏割り竹の使用が基本である。 ・裏割りは，竹の芽に沿って割るので，割り面が直線的である。 ・玉垣の玉縁竹に使用したとき，見栄えがよい。 ・上部裏面の節ごとの曲がりは，出来栄えに影響しない。 ・裏割りは，芽通り割りである。 ・裏割りは，表割りより容易に割れる。

実　　　　　習	関　連　知　識
(2)　もう一方の手で刀の棟を軽くたたき，丸竹に刃を食い込ませる。 (3)　以後は押縁竹の表割り方法と同様である。 **4．竹削り** (1)　竹削り刀を片手に持ち，中腰に構える。 (2)　割り終えた押縁・玉縁竹を片ひざに載せる。 (3)　末口から元口に向かって厚さの調整，とげなどを削り取る。 **5．玉縁竹の中節払い** (1)　玉縁用として割った竹の割り面を上に向ける。 (2)　玄翁で中節を取り払う。 **6．山割竹割り** (1)　割竹の元口を固定し，末口に山割竹割り器を当てる。 (2)　まず木槌で割り器を軽くたたく。 (3)　割り器が竹に食い込んだ時点で，一気に元口方向に割り込む。	・竹削りは，割れ竹相手の厚み調整が主な目的である。 ・表割りのとき，割り面の凹凸部調整削りも必要な作業である。 ・建仁寺垣，金閣寺垣の立子竹（縦）が胴縁・押縁竹（横）より上部に出て，玉縁竹の割れ面中に入るため，中節を取り払う。 ・建仁寺垣などの高さに応じて，丸竹を切りそろえておく。 ・山割竹割り器には，3枚・4枚・5枚割り器がある。 ・山割竹割り器は，丸竹の太さにより選別する。 竹割り器（4枚割，5枚割）

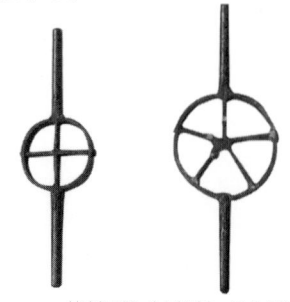

実　　　　　習	関　連　知　識
7．山割竹の裏面削り 　角材を十字に組んだ上で，竹の裏面を削る。 **8．山割竹の側面削り** 　(1) 角材を十字に組んだ上で，竹削り刀を片手に持ち，中腰に構える。 　(2) 片ひざを地に付け，割竹を反対側のひざの上に載せる。 　(3) 両側面を削る。 **9．清掃と仕上げ作業** 　(1) 手箒，竹箒で周辺一帯を清掃する。 　(2) 取りまとめた竹材の切りくずは，所定の場所に処理する。	**準備** ・作業前に，むしろを敷く。 ・角材を十字に組む。 ・山割竹の裏面削り作業は，よく研ぎ整備された削り刀で均一に削り取る。 ・削り作業は，重心の刃物を使用することが得策である。 ・山割竹の側面削り作業は，割竹削りが終わった時点で山割竹を組み，角材の上に側面立てる。 **刃研ぎ仕上げ** ・刃の摩耗程度で，荒砥石，中砥石，仕上げ砥石の順に研ぎ上げる。各砥石は砥石台に取り付け，特に竹削り刀は鎬より刃先へ一直線に研ぐ。 **竹割りの保管** ・刃研ぎ後は，油布などで刀身を拭き，鞘又は厚布に包み，安全な場所に保管する。

(7) 鉈(なた)

[目　的]

　鉈は，斧の一種とされている。幅が広く厚い刃に短い柄がついていて，木材を木の繊維に沿ってたたき割ったり，木杭の先端を削るときに使用される工具である（図2-65）。また，竹割りの代用に使用されることもある。

[特　徴] [使用上のポイント]

　鉈には片刃鉈と両刃鉈がある。片刃鉈は，長さ18～20cm，幅5cm，厚さ4mm前後で刃は表刃である。両刃鉈は，長さ18cm前後，幅5～7cm，厚さ5～7mm前後で刃は両面で鎬がある。

　造園施工では，樹木の枝打ちや剪定後の切り枝の小枝をまとめやすくするため一定の長さに切り揃えるときに使用される。

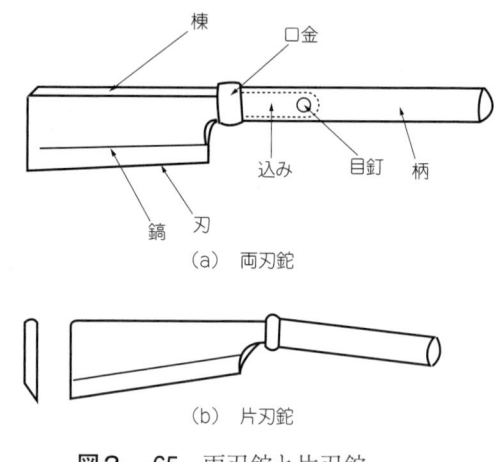

図2-65　両刃鉈と片刃鉈

図2-66　鉈と収納ケース

[安全と注意事項]

　鉈は，両刃，片刃とも切れ味よく研いで整備しておくもので，取り扱いには十分注意する。

　枝打ちで高所の作業の場合は，工具の落下防止を図るため，ケースに収め携帯する（図2-66）。

[メンテナンス（手入れ方法）]

　使用後は，樹脂などの汚れを拭き取り，柄の付け根の緩みの点検を行う。刃研ぎを必要とするときは，台付き砥石を使用する（49ページ・メンテナンス参照）。刃研ぎ終了後は油布で軽く拭きケースに収める。

(8) 水平器

[目　的]

　水平器は，施工する構造物の水平状態を確かめるために使用される器具である（図2-67）。

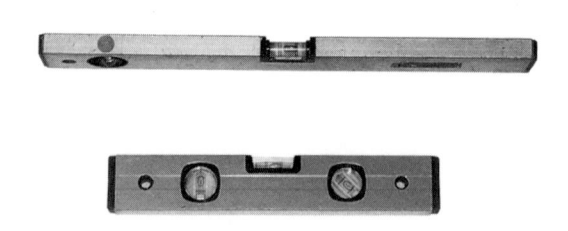

図2-67　水平器

[特　徴]

　水平器の大きさは大小さまざまで，材質は木製と軽金属製がある。細長い定規の中央に気泡管があり，気泡を中心に位置することにより水平度を合わせる。

使用上のポイント

造園施工では，竹垣の製作，敷石，石積み，延段，縁石などの施工前の遣方づくりなどや，飛石，布石，石灯籠，層塔など庭の添景物の据付け時に使用される。なお，手水鉢（図2-68）の据え付けは，はじめに水平器で水平度を出し，以後の微調整には手水鉢の中に水を九分程度入れ適当な容器を沈ませながら，水のこぼれ具合を見て水平度を合わせる。

図2-68　手水鉢

安全と注意事項

水平器は，直射日光を受けて熱されると，気泡管内の気泡に変化を来し計測が困難となるときがあるので注意する。また，落下防止・乱暴な取り扱いをしないなども大切なことである。

メンテナンス（手入れ方法）

使用後は，汚れなどを拭き取り，低温の場所に保管する。

（9）墨壺，墨刺

a. 墨　壺

目　的

墨壺は，木材や構築物などの表面に，位置の目印となる直線（寸法線）を引くための道具である（図2-69）。

造園施工では，型枠の製作組立て，竹垣製作などのときに使用される。

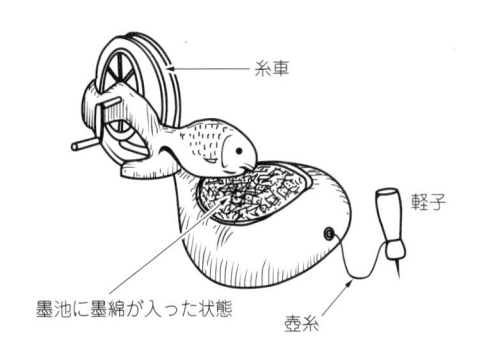

図2-69　墨　壺

特　徴

墨壺は，墨綿を入れる墨池（墨穴）と呼ばれる穴と，壺糸を巻いた糸車を備えている。壺糸の先には軽子と呼ばれる針が付いていて，壺糸を墨綿にもぐらせ，壺糸の先端の軽子の針を木材の角の部分に刺し，壺糸をはじいて直線の墨付けをするつくりとなっている。木材などの表面に多少凹凸があっても正確な直線を引くことができる。

種類には，木製，陶製，ガラス製などがあり，以前多用されていたが，現在では真鍮製，プラスチック製も市販されている（図2-70）。

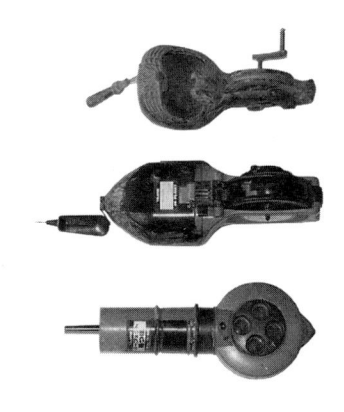

図2-70　墨壺各種

使用上のポイント

木製の墨壺を使用しての袖垣や竹垣の親柱に胴縁竹を差し込む作業では，胴縁の中心を出

すために軽子の針を柱の頂部に刺す。その後壺糸に平均に墨がしみるように墨刺（図2－71）で墨綿を押さえながら糸を柱の元口方向に引き出して寸法点上に押さえ，強く張った壺糸をつまみはじいて寸法線を描く。また，真鍮(しんちゅう)製墨壺では，軽子を素材に突き刺すまでは木製などと同様であるが，壺糸を引き出すと墨が適度に調合されているので墨刺は不用である。

[安全と注意事項]

壺糸をはじくときは，左右にぶれないように真上からとする。また，墨池に余分な墨液を入れて，作業中に液をこぼして素材を汚さないよう注意する。

墨壺全体を点検し，墨池より液がしみ出さないよう配慮する。

[メンテナンス（手入れ方法）]

墨壺全体を点検し，墨池より液がしみ出さないよう配慮する。

b. 墨刺(すみさし)

[目的]

墨刺は竹製のへらで，筆の役目をする補助具である（図2－71）。

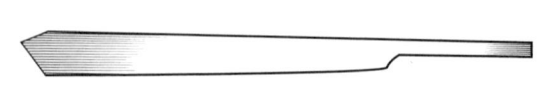

図2－71 墨刺

[特徴]

仕様は，幅12mm，厚さ6mm，長さ23cmぐらいである。一端はへら状の竹の先端を斜め（3寸こう配）に切り落として，先を40数枚に細かく割ったもので，他端は細い棒状で端を金槌でたたいてつぶしたものである。

[使用上のポイント]

墨刺の先端に墨壺の墨綿をつけ，木材や石材に線，文字，記号を描くときに使用される。

[安全と注意事項]

墨刺を定規に当て，線を引くときに定規の下に墨汁がしみこまないよう注意する。

[メンテナンス（手入れ方法）]

摩耗した墨刺の先端削りは，平鑿などで丁寧に削り直し，正確な線引きができるよう修正する。

(10) 巻尺，差し金

巻尺には，布製と鋼鉄製があり，双方とも30～50mの長さを測定することができる（図2－72）。小型（コンベックスルール）のものは，鋼鉄製がほとんどで2～5mの測定が限度である。その他数枚に折り曲げ，直線に延ばすと1mになる折り尺もある（図2－73）。

[目的]

巻尺は，長さを計測するときに使用される道具で，差し金は長さや直角を測るのに使われる。

図2－72 巻尺

造園施工では，樹木の高さ，幹回り，枝葉張りの計測や，庭石，重量物の計算の元の測り出し，芝張り面積，池面積，敷石面積の計測などあらゆる測量の基礎となる測定具でもある。

> 特　徴

差し金は，直角に折れ曲がった形の金属製の物差しで，表目盛と裏目盛が付いている（図2−74）。

差し金には表目盛が長手に50cm，妻手には25cmの目盛が刻まれている。裏目盛は裏目と呼んでいて平方根の目盛が付いており，角目又は斜め尺とも呼んでいる。内側に丸太尺，丸目尺という丸目盛があり，物の円周を計測するときに使用する。

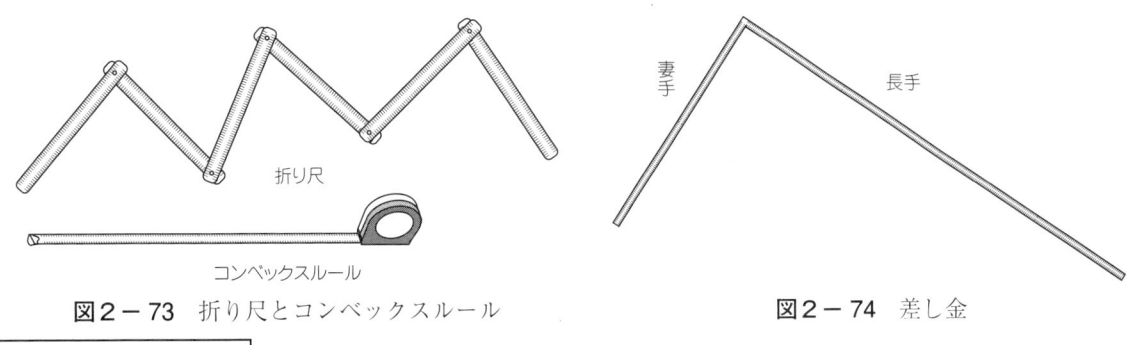

図2−73　折り尺とコンベックスルール

図2−74　差し金

> 使用上のポイント

差し金によっては，目盛を一歩飛びの2mmごとに刻んだ製品があるが，読み違えるときがあるので1mm刻みを使用する。

> 安全と注意事項

布製巻尺を雨天時に使用すると，泥土の付着などで機能が低下するので注意が必要である。

> メンテナンス（手入れ方法）

巻尺，折り尺，差し金の使用後は，雨水，汚れを拭き取る。

(11) 繰り針

> 目　的

繰り針は，竹垣工事において，建仁寺垣，御簾垣，穂垣などの遮蔽垣（42ページ参照）の立子や組子を胴縁に針金又はシュロ縄で仮り留めするときや，押縁，玉縁を取り付けて結束するときに使用するかぎ形の針である（図2−75，76）。

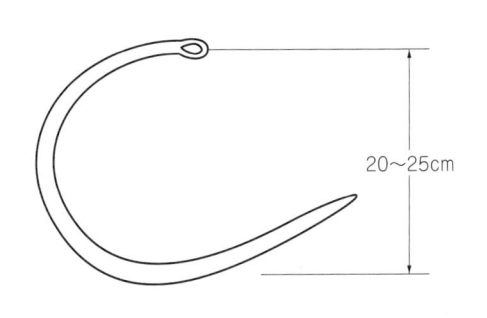

図2−75　繰り針

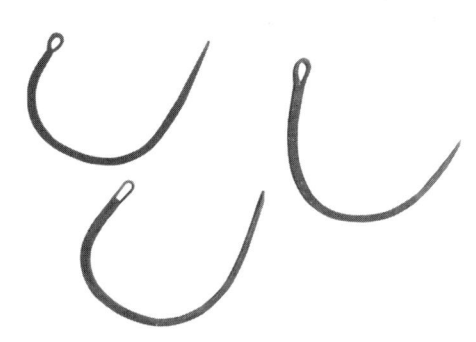

図2−76　繰り針の曲がりの各種

60　造園用手工具・機械及び作業法

特　徴

　竹垣の作業では，繰り針の穴にシュロ縄を通し，すき間なく立ち並ぶ立子竹（組子）の間にシュロ縄を通した針を表側から裏側に回し，また表側に戻して結束する作業を容易に行うことができる。

使用上のポイント

　シュロ縄を水にぬらして軟弱質にすると作業が敏速となる。

安全と注意事項

　繰り針は，一般的に薄い鉄板でできていて，無理なねじ曲げなどをすると針全体が曲がり，結束作業ができなくなるので注意する。

メンテナンス（手入れ方法）

　繰り針の使用後は，曲がり，損傷などが認められたときには，金槌でたたき修復する。

第4節　石材工事用工具

　石工事には，石組，石積み，石敷き，石張りなどの工種があり，いろいろな工具が使用される。

　景石（けいせき）組みでは，重量物の庭石をころ，そりなどを使用して運搬し，二又（にまた），三又（さんまた），チェーンブロック，ウインチ，神楽桟（かぐらさん），移動式クレーンなどで据え付ける大道具と，穴掘り用スコップ，鶴嘴（つるはし），木梃子（きてこ），金梃子（かなてこ），突き棒，鋤簾（じょれん）などの据付け用小道具が使用される。

　石積みでは，自然石をそのまま利用した野面石（のづら）積み，崩れ積み，玉石積み，玉石矢羽積みなどがある。

　石組に用いる石の加工工具には，こやすけ，鏨（たがね），石割のみ，石頭（せっとう），石割ハンマなどが，石の表面を加工するにはびしゃんなどが使用される。

図2-77　石　組

図2-78　石敷き

図2-79　石表面の加工

石敷き，石張りには，スコップ，水平器，煉瓦鏝，柳刃鏝，各種寸法幅の目地鏝，水糸及び遣方一式が使用される。

4.1 石材加工工具の種類

(1) こやすけ

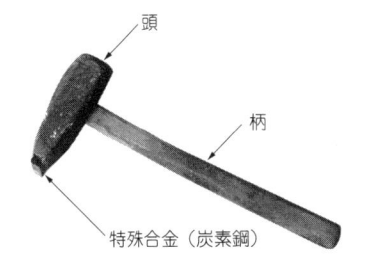

目　的

こやすけは石を割るときに使用される工具で，鑿の一種である（図2-80）。

特　徴

図2-80　こやすけ

こやすけは，ハンマーのような形をしていて，槌の先端部は角張った合金製の鋭く硬い刃がついていて，反対側は頭と呼ばれている。柄はカシ材などでつくられ取りはずしができるようになっている。

使用上のポイント

造園施工では，石積み，敷石，張石などで石を割り，合端合せのときに使用される。城積み，切石敷き，石畳工事などの石割り加工をする作業で，片手でこやすけの刃を石の割る部分に当てこやすけの頭を石頭（図2-81）でたたき石を割る。これをこやすけ払いともいう。

なお，石を割るときは，刃で斜めにたたくと薄く割れ，直角にたたくと深く割れる。

安全と注意事項

こやすけの刃で割る石材を直接たたいてはならない。必ず石頭又はハンマーで頭をたたくこと。また，ハンマーで頭をたたく衝撃で柄が緩むことがあるので，使用前に十分に水にぬらして木部の膨張を施す。

メンテナンス（手入れ方法）

こやすけは，石頭などにより頭のたたき傷があるときは，やすりで削り補修する。

(2) 石頭（せっとう）

図2-81　石　頭 　　　　図2-82　小型ハンマー（手ハンマー）

目　的

石頭は小型の槌で，こやすけ又は鑿の頭をたたいて石を割ったり，削るときに使用される工具である（図2-81）。

> 特　　徴

石頭は，石を直接割ったり，削る工具ではない。割ったり，削ったりする工具の頭をたたく工具で，種類には大・中・小がある。たたき面，重量などの種類により使い分ける。

> 使用上のポイント

大きな岩などを割る「セリヤ」をたたくときは大ハンマー又は中ハンマーを用い，細かく割るときは石頭，小型ハンマー（図2-82）を使用する。

> 安全と注意事項

石頭で直接硬い石などをたたいてはならない。こやすけなどの工具の頭をたたくこと。

> メンテナンス（手入れ方法）

石頭使用後は，槌と柄の取付け部分の緩みがあるときは，くさびを打ち込むなど補修する。

(3) 鏨（たがね）

> 目　　的

鏨は別名はつり，石鑿などと呼ばれ，鉄材を切断したり，石の表面を彫ったり，削ったりする鋼鉄製の工具である（図2-83）。

> 特　　徴

鏨の一般的な種類には，平鏨，六角柱鏨がある。

石鑿は丸型で先端のとがったものをいい，特殊鋼又は炭素鋼でつくられている工具である（図2-84）。

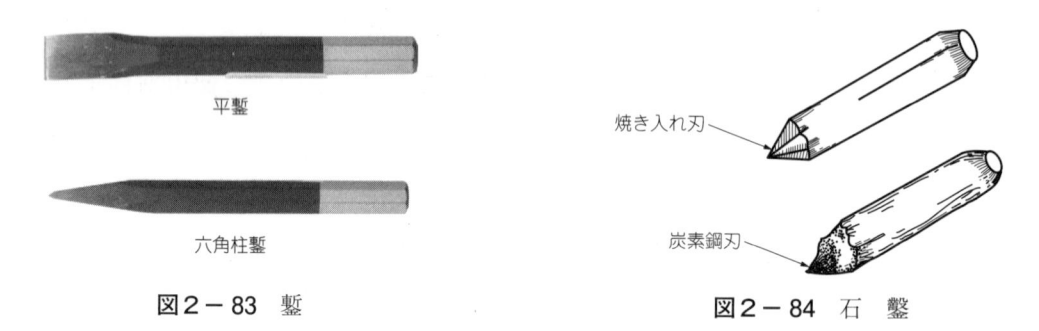

図2-83　鏨

図2-84　石鑿

六角柱鏨は，主にコンクリート削り作業などに，平鏨は，直線的に物を加工するときの割り道をつけるときと，鉄筋，ワイヤーロープの切断用に使用される。

> 使用上のポイント

鏨は石頭や手ハンマーで頭をたたく作業に，石鑿は石材の加工，穴彫り用で，造園施工では石積みの合端合せなどの作業に使用される。

> 安全と注意事項

鏨の頭が，ハンマーたたきなどで損傷し，めくれているときは，手に傷をつけるおそれがあるので注意する。

メンテナンス（手入れ方法）

鑿の使用後は，グラインダーで研ぎ，石鑿は先端に焼入れを行う。

(4) ハンマー

目　　的

ハンマーは，鉄製の杭やコンクリート構造物などを打ち砕くための大型鉄槌である（図2-85）。

図2-85　ハンマー　　　　　　　　図2-86　ハンマーを使用した作業

特　　徴

造園施工では，野面石積みなどで石の合端を合わせるため，石を大きく割るときや，セリヤを数箇所に打ち込み徐々にたたきながら割るときに使用される。

使用上のポイント

小割のときには中型ハンマーでセリヤを打ち込み，目的の寸法に割る。

安全と注意事項

大型ハンマーは重量があり，両手で力一杯打ち込みたたくので，周囲の作業員の立ち寄りに注意し，災害を防止する。

メンテナンス（手入れ方法）

大型ハンマーの鉄槌の付け根で柄の緩みが生じたときは，柄の交換又はくさびを打ち込み補修する。

(5) びしゃん

目　　的

びしゃんは，鑿，石鑿などで削った石材の表面，側面などをたたいて平滑に仕上げるときに使用される鉄槌である（図2-87）。

特　　徴

仕様は柄の長さ20〜40cm，柄頭には15cmくらいの槌が付いていて，槌の両端面は3.6cm四方の碁盤の目に切った突起がついている。この突起の数により，25目（5×5）で5枚びしゃん，64目（8×8）で8枚びしゃん，100目（10×10）で10枚びしゃんと呼ばれている。

図2-87　びしゃん

びしゃんは、粗割りの石材を指定どおりの寸法にたたき上げることができる。

[使用上のポイント]

最初は粗目から始まり、徐々に細かくたたいていき、最後に最も細かい100目びしゃんで仕上げる。この作業をびしゃんたたき又はびしゃん仕上げという。

[安全と注意事項]

びしゃんは、槌の重量を利用してたたくため、柄の損傷、緩みが早いので注意する。

[メンテナンス（手入れ方法）]

使用後は、柄の損傷の有無を確認し、損傷のあるときは補修し、後日の作業に支障をきたさないようにする。

(6) かなじめ

かなじめは、鉄槌の形をしており、槌の一方は丸く太く、反対側の先端は平たく細くなっている。木製の柄の末端部に鉄輪がはめられているのが特徴である（図2-88）。

[目　的]

造園施工では、飛石、縁石、布石、敷石など小形の石の据付け時に使用される。

[特　徴]

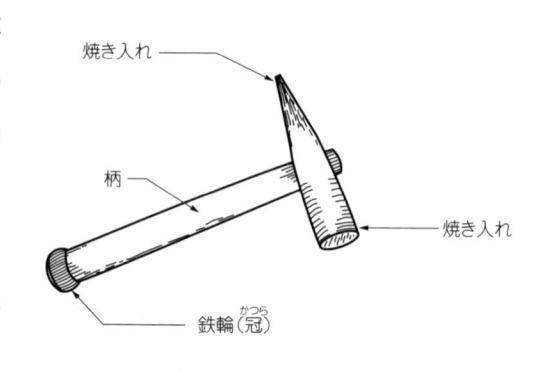

図2-88　かなじめ

槌の太い方をハンマーとして石を割り、高さ調整には当てものを敷いてたたく。また槌の細い部分を梃子として石などを移動することもでき、柄の末端を突き棒用として使用するなど、かなじめは使い方によっては利用範囲の広い工具である。

[使用上のポイント]

槌の両先端で石削り、石割りなどを行うので、槌の両端部に焼き入れを必要とする。

[安全と注意事項]

かなじめは、槌の細い部分を梃子として使用するので柄の付け根部分の緩みが生じやすく、使用前に数分間水にぬらして木部を膨張させる。

[メンテナンス（手入れ方法）]

かなじめ使用後は、槌の両端の定期的な焼き入れ、柄の緩みにはくさびの打ち込みなどの補修を行う。

(7) 木梃子, 金梃子

a. 木　梃　子

[目　的]

木梃子は、重量物をこじ上げて動かすための木製の棒である（図2-89）。造園施工では、石を据えた

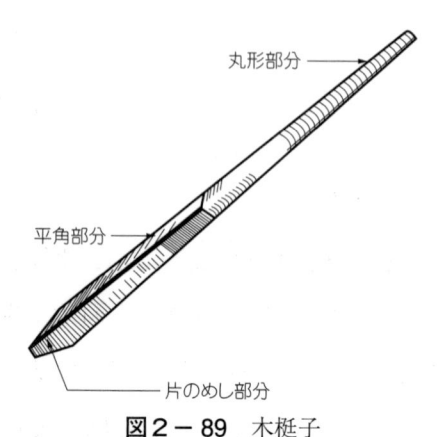

図2-89　木梃子

り，樹木の植付け時の建て入れなどの修正に使用される。

[特　徴]

仕様は長さ2～3m，幅10～20cm，厚さ5～9cmくらいのカシ材などの堅い木材でつくられている。元口部分は平角取り，先端は片のめし切りで，柄の末部になるに従い丸形になり使用しやすくなっている。

木梃子は，木製であるので対象物に傷をつけない特性を持っているが，重量物をこじ上げ移動させる木製の棒であるので，必要以上の力を加えると折れやすく危険性もある。

[使用上のポイント]

次に木梃子の使用法を示す。

① 追い梃子法

　梃子を物体の下に入れ，梃子の先端が地面に接する部分に支点をおき，梃子を反対側に押し込むことにより物体を移動させる方法（図2－90）。

② 持ち梃子法

　梃子を物体の下にこじ入れ，梃子の先端と地面が接する部分に支点をおき，梃子を持ち上げることにより物体を持ち上げる方法（図2－91）。

③ はね梃子法

　梃子を物体の下にこじ入れ，角材などの枕を梃子の下に入れて支点とし，梃子を下へ押すことにより物体を上に持ち上げる方法（図2－92）。

　また，はね梃子を利用し，数人で大きな石を少しずつ横に移動させる舟こぎ式という方法もある。

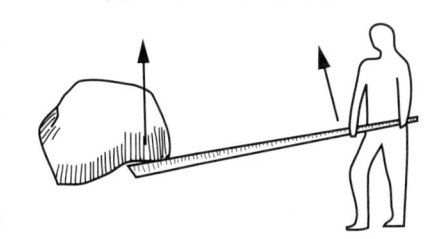

図2－90　追い梃子法

図2－91　持ち梃子法

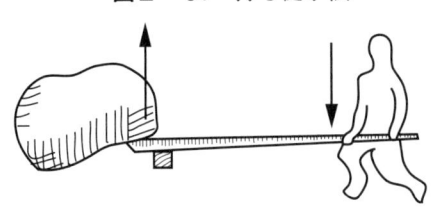

図2－92　はね梃子法

[安全と注意事項]

木梃子を使用して重量物を移動するときは，力を加える握りの位置が支点に近いほど大きな力を必要とする。また，支点（角材枕など）はできる限り移動物体に近づけ，複数の作業員で作業をするときは連携を図る。特に舟こぎ式のときは，支点となる角材枕を梃子に対し直角方向に置くよう注意する。

[メンテナンス（手入れ方法）]

木梃子使用後に，損傷部分などがあるときは補修整備する。

b. 金梃子
かなてこ

目的

金梃子は，鉄製の梃子で，釘抜き，型枠外しにも使用される（図2-93）。

図2-93 金梃子

図2-94 金梃子使用の作業

特徴

仕様は，一般的には長さ1.5～2.0mほどで，木梃子と比較すると重く，丈夫であるが，曲がりやすい欠点がある。

金梃子は，木梃子よりも使用しやすく，狭い場所での作業が可能である。しかし，石灯籠，庭園添景物などを扱うときは，不用意に作業を行って石灯籠などに傷をつけ，欠損させる危険性があるので事前に十分な養生を施す。

使用上のポイント

作業方法は，木梃子の使用方法と同様である。

安全と注意事項

金梃子で庭石，樹木などを取り扱うときは，できる限り木梃子を使用する。やむを得ず金梃子を使用するときは，慎重な扱いを心掛ける。

メンテナンス（手入れ方法）

金梃子は，無理な使用をすると曲がる欠点があり，作業中又は作業終了後に大型ハンマーなどでたたいて修正する。

第5節 運搬用具

運搬用具には，人力を原動力とした伝統的な在来工法と，電動機，内燃機を動力源とした近代的な機械工法の2種類に分けられる。

在来工法の主な用具には，神楽桟，ウインチ，そり，台車，大八車，手車，ころ，二又，三又（二脚，三脚ともいう），せび，チェーンブロックなどがある。

神楽桟は，角材を土台，柱，冠木などを櫓に組み，上下地板にろくろを取り付け丸太を通

して巻くので，広い作業範囲が必要である。この作業範囲を縮小するための用具がウインチである。二又，三又は丸太を組んで，上げ・下げ，小運搬などの作業に使用される（起重機の応用である。）。せびは簡単な構造で強度的に劣るので，小さな力で重い荷を上げ・下げできる滑車に代わった。

木製の台車は鉄製の車体となり，車輪も木製からタイヤへと代わった。このように徐々に近代的な用具へと変換されてきた。

機械工法は，電動機，内燃機を内蔵した移動式クレーン車，貨物自動車などが使用され，搬路の悪条件にはトラクタドーザ，整地運搬車，コンベヤーなどが使用されている。

図2-95　移動樹木の根巻き作業

図2-96　移動樹木の腰板組込み作業

図2-97　移動樹木のころ配り作業

図2-98　移動完了後の樹木養生作業

図2-99　神楽桟による移動樹木の引込み作業

5.1　運搬用具の種類

(1) 台　車

目　的

工事現場内で石材，樹木などの重量物の施工資材を人力で運搬するためのものである。

図2-100 台車

台車に石を乗せたあと矢印の向きに倒す

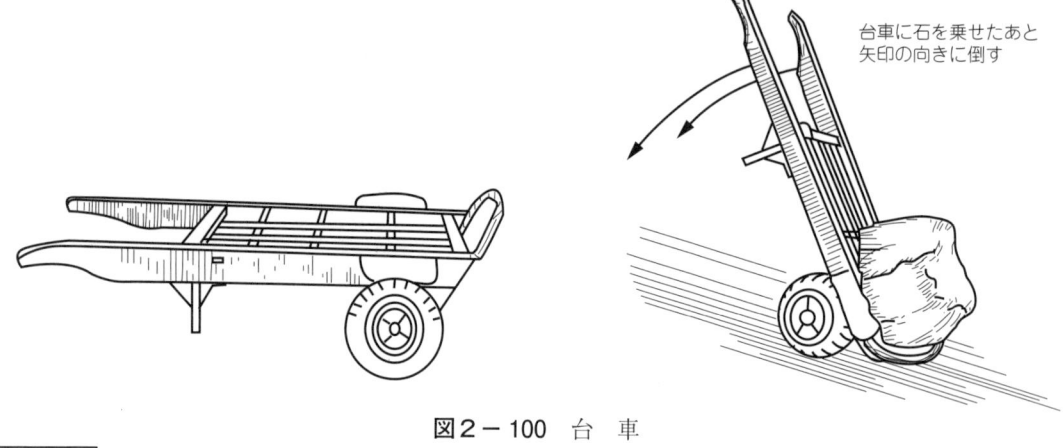

特　徴

　トラックなどが入ることのできない狭小な工事現場で使用され，作業者の疲労軽減及び安全作業が図れる。

使用上のポイント

　種類は二輪タイプと四輪タイプがあり，運搬資材の重量により使い分ける。従来は木製フレームが主流であったが，現在はパイプ製フレーム（図2-101）が主流である。

　運搬資材は，樹木や大玉石，飛石，布石，敷石など，ときにはセメントなどである。

　軟弱地盤での使用時には，タイヤがぬかるんでしまうので道板を利用すると運搬が容易である。

図2-101 パイプ製台車

安全と注意事項

　過積載運搬はパンクの原因となるので避ける。ただし，ノーパンクタイヤ（無垢タイヤ）であればその心配はない。

　積み込み・積み下ろしのときは，複数人の場合は声掛けを行うなど安全作業には十分に留意する。

　傾斜のあるところで重量物を載せたままの状態にするときは，必ず輪留めを行う。

メンテナンス（手入れ方法）

　特に車軸受の緩みの点検，増締めや定期的な注油を行う。また，普通のタイヤの場合は空気圧の点検も行う。

(2) 一輪車（猫，猫車*）

[目　的]

　工事現場内で石材，土，砂利，砂，セメントなどの施工資材を人力で運搬するためのもの。

[特　徴]

　トラックなどが入ることのできない狭小な工事現場で使用され，作業者の疲労軽減及び安全作業が図れる。ただし，台車と比較すると積載量は劣る。

[使用上のポイント]

　種類は浅ボディー（図2－102）と深ボディー（図2－103）があり，浅ボディーは比較的軽資材などの運搬用に，深ボディーは土，砂利，砂，セメント，コンクリート，モルタルなどの重量物の運搬用にというように使い分ける。

図2－102　一輪車（浅ボディー）　　　　　図2－103　一輪車（深ボディー）

[安全と注意事項]

　過積載運搬はパンクの原因となるので避ける。ただし，ノーパンクタイヤ（無垢タイヤ）であればその心配はない。

[メンテナンス（手入れ方法）]

　特に車軸受の緩みの点検，増締めや定期的な注油を行う。また，普通のタイヤの場合は空気圧の点検も行う。コンクリートやモルタルの運搬に使用した場合は，固着する前によく洗浄する。

（3）そ　り

[目　的]

　0.5～3tぐらいの庭石や樹木などの重量物を，比較的短い距離を人力で引くためのもの。

[特　徴]

　トラックなどが入ることのできない狭小な工事現場で使用され，作業者の疲労軽減及び安全作業が図れる。

---

*　猫・猫車の由来：諸説あるが，「猫足場といわれる狭い足場を通ることができる車」というのが主な説である。

使用上のポイント

カシなどの堅木材でつくられ，ひじ木（両側の滑り板）の間に桟を取り付けターンバックルで留めた構造で，大きさは幅40～50cm，長さ200cmぐらいのものである（図2－104）。

そり道は長さ90cmほどの丸太を半割りにした木材（盤木）を横に何本も地面に並べ，盤木の表面に油を塗布して滑りやすくし，その上を人力で引き移動させる（図2－105）。

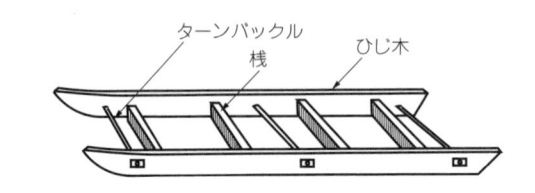

図2－104　そり

図2－105　そり使用の作業

安全と注意事項

傾斜地や急カーブ地で重量物を載せて引き下りるときは，転倒しないよう留意する。

メンテナンス（手入れ方法）

ひじ木は磨耗しやすいので使用中でも破損の有無の点検を行う。

（4）滑車，せび

目的

ワイヤーロープを掛け通して樹木や石材などの重量物の方向転換，つり上げ・つり下げを行うためのもの。また，力の大きさ，速度，方向を転換するときにも使用する。

特徴

滑車は鉄製で，固定して使用する定滑車と物体とともに移動する動滑車がある。また，何組かの滑車を組み合わせて利用する組み合わせ滑車もある。組み合わせ滑車は小さい力で非常に重い物を移動することが可能である。車の数により一車，二車，三車，四車などの種類がある（図2－106）。

図2－106　滑車

図2－107　滑車を使用しての作業

せびは滑車と同様な使われ方をするもので、溝車と本体は堅木製で外周りを繊維ロープで締め、簡単なフックとロープの留め金具が付いている（図2－108）。

|使用上のポイント|

現場では、ワイヤーロープの端末を対象物に取り付けて、定滑車に掛け通し、つり上げ・つり下げ、引張る方法を〝ブッタクリ〟という。また、ワイヤーロープの端末を定滑車のフレームに取り付け動滑車へ、さらにフレームの定滑車へと掛け通して対象物をつり上げ・つり下げ、引張る方法を〝ダブり掛け〟と言っている。

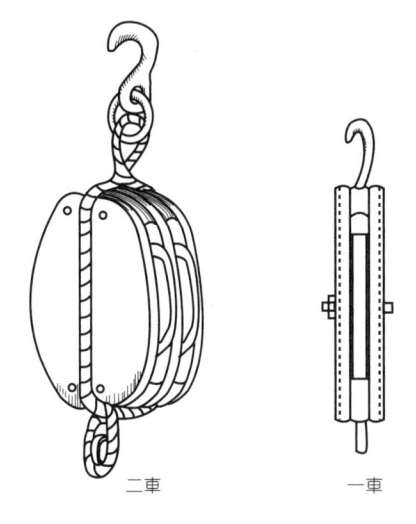

図2－108　せ　び

|安全と注意事項|

滑車にはフレーム接続弁でスナッチと呼ばれるものが付いている。これを外しワイヤーロープを掛け通すが、このスナッチを掛け忘れて作業をするとフレームが変形し使用不可能となるので注意する。

せびは滑車に比べ強度が劣るので過負荷作業にならないよう注意するとともに、フック、ロープの留め金具などの破損にも気をつける。

|メンテナンス（手入れ方法）|

滑車、せびとも使用後は、付着した土などの汚れを拭き取り、軸受部、フックの取り付け部、スナッチなどに注油する。

（5）　チルホール

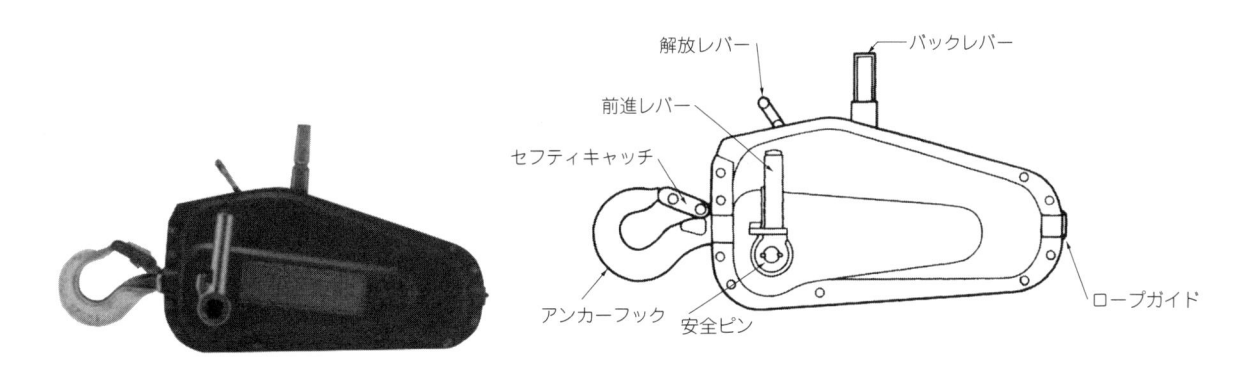

図2－109　チルホール　　　　　図2－110　チルホールの各部名称

|目　　的|

手動式のウインチで、樹木や石などの重量物を引張るためのもの。

|特　　徴|

最大1.5tくらいまでの牽引（けんいん）能力があり、大きさは幅50～80cm、自重は7～15kgぐらいである。滑車を使用してつり上げることも可能である。作業者の疲労軽減及び安全作業が図れる。

> 使用上のポイント

　大木やしっかりした構造物に台付きワイヤーロープの一端を結束し，他の一端をアンカーフックに掛け，荷重側にもロープガイド側の台付きワイヤーロープをしっかりと掛け，重量物を引張る。

　アンカーフック側の台付きワイヤーロープに重量物を取り付けたときは，バックレバーを作動して引張る（つるときは，前進レバーで上昇，バックレバーで下降する。）。

　おのおののレバーには，長さ50～70cmのパイプハンドルを取り付けて操作する。

> 安全と注意事項

　使用するときは，絶対に規定以上の荷重を掛けてはいけない。

> メンテナンス（手入れ方法）

　使用後は，付着した土などを拭き取り，レバーやアンカーフックの取り付け部やセフティキャッチなどに注油を行う。

（6） キリンジャッキ

> 目　　的

　ねじの回転で生じる推力を利用して，重量物を垂直方向に手動で持ち上げるためのものである（図2-111）。

> 特　　徴

　12～18tぐらいの重量物を20～30cmほど確認しながら徐々に持ち上げることができ，作業者の疲労軽減及び安全作業が図れる。

> 使用上のポイント

　足場を固め，キリンジャッキを最短にし，持ち上げようとする重量物に当てる。そのとき重量物を厚板などで養生し，かつキリンジャッキ頭部にも滑り止めを施す。その後手回しハンドルを徐々に回しながら持ち上げる。

図2-111　キリンジャッキ

> 安全と注意事項

　使用前に，キリンジャッキの底部を強固に養生し沈下を防ぐ。また，頭部の滑り止めにも留意する。過荷重にならないように注意する。

> メンテナンス（手入れ方法）

　使用後は，付着した土などを拭き取り，回転ねじ部にグリスを塗布する。

（7） 二又（二脚）

> 目　　的

　鳥居形デリックを簡素化したもので，重量物のつり上げ・つり下げや短い距離の移動に使用するためのもの。

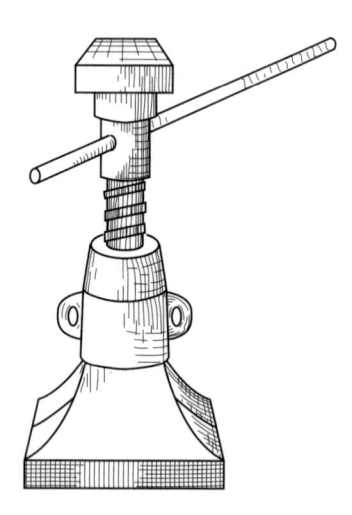

特　徴

　重量物のつり上げ・つり下げや短い距離の移動に使用することにより作業者の疲労軽減及び安全作業が図れる。

使用上のポイント

　2本の丸太（チン丸太）の頂部を交差させて結束用ワイヤーロープで結束して建て込み，2本のガイロープで左右を支えて，交差した部分のオニガミ（短くて太いワイヤーロープ）にチェーンブロックをつり下げ，又は別の場所に据え付けた神楽桟やウインチで重量物のつり上げ・つり下げ作業を行う。また短い距離の移動には，重量物の移動方向に二又を建て込み，このとき移動方向のガイロープをしっかりと張り，チェーンブロックでつり上げることにより重量物が二又の中心部まで移動するなどの作業ができる。

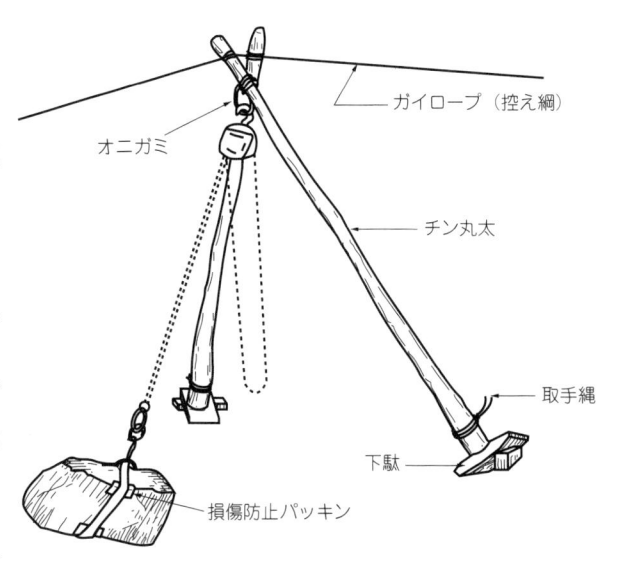

図2-112　二又の取付け状態

安全と注意事項

　使用前は，結束用ワイヤーロープ，オニガミ，ガイロープは必ず点検をする。また，チン丸太の下部の沈み込み防止の板は十分な厚さを有するものを確実に施工する。使用中は，チン丸太の下部の沈み込みを確認しながら作業をし，沈み込みが発生したら即時中止する。

メンテナンス（手入れ方法）

　使用後は，各ロープやチン丸太の破損の有無の点検を行う。

訓練課題名	二又組立て作業	材　　料

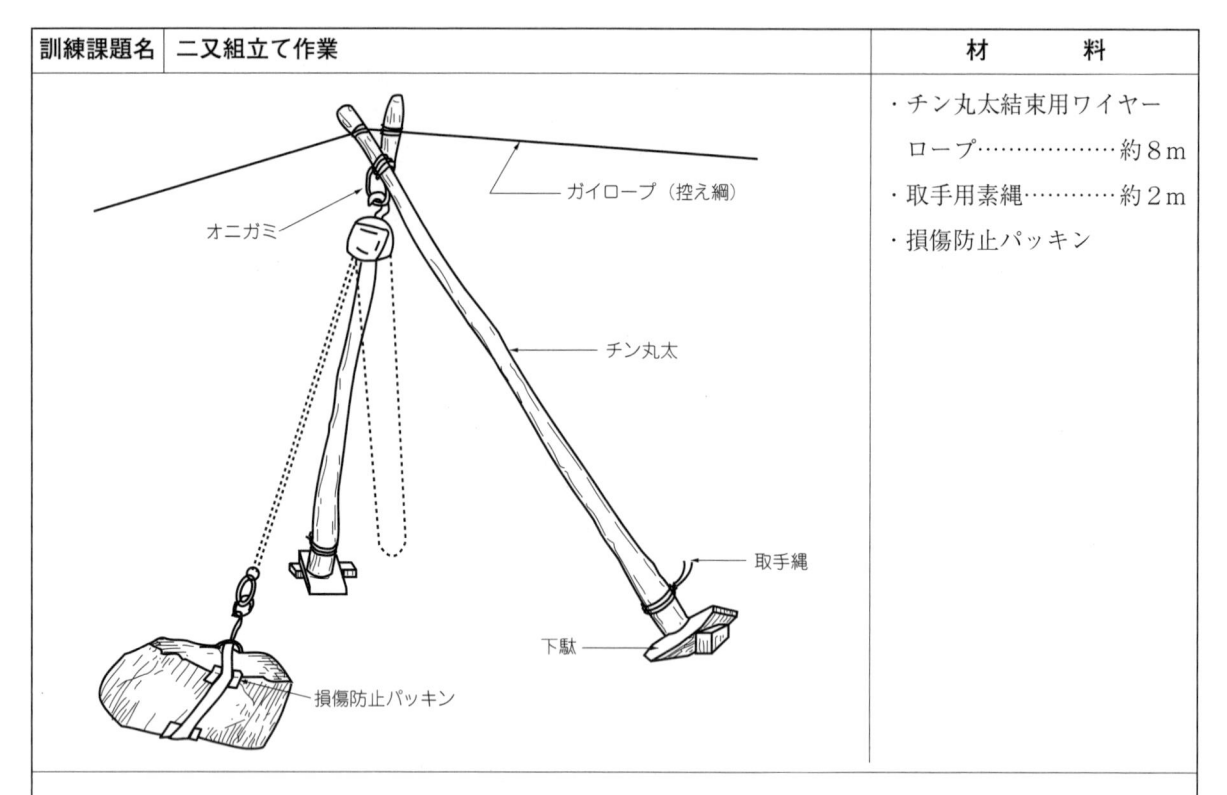

図：二又組立て作業
- ガイロープ（控え綱）
- オニガミ
- チン丸太
- 取手縄
- 下駄
- 損傷防止パッキン

材料：
- チン丸太結束用ワイヤーロープ……………約8m
- 取手用素縄…………約2m
- 損傷防止パッキン

1．概　　要

二又の組立ては，樹木や庭石などのつり上げ及び移動を可能にする工程の準備作業である。

2．作業準備

器工具等
- ・チン丸太　・チン丸太結束用ワイヤーロープ・チン丸太控用ワイヤーロープ又は繊維ロープ
- ・厚板（丸太根元部安定滑り止め用）・厚板補助用角材

3．作業工程

(1) チン丸太の結束
(2) チン丸太控用ワイヤーロープ張り
(3) チン丸太の建込み
(4) チン丸太根元固め
(5) 安全確認

実　　　　　習	関　連　知　識
1．チン丸太の結束 　(1)　チン丸太の結束は，2本の丸太の先端を台上に載せ，先端から50cm下部で交差させる。 　(2)　結束用ワイヤーロープは，2本取りで八の字掛け，割掛けで結束し，そのロープの端末を縄留めする。 2．チン丸太控用ワイヤーロープ張り 　(1)　控用ワイヤーロープの取り付けは，ワイヤーロープ又は繊維ロープで2回以上の圧縮留め（ころし留め）とする。 3．チン丸太の建込み 　(1)　チン丸太は，適度な角度に開いて建て込む。 　(2)　建込みは，両丸太の根元滑り止め押さえ2名，両丸太の起こし2名，控用ロープ張り2名で建て込む。 　(3)　つり荷の方向に傾斜角を付け控用ワイヤーロープを固定する。 4．チン丸太根元固め 　(1)　チン丸太を控用ワイヤーロープで固定した後に厚板で丸太の根元固めをする。 　(2)　厚板の下部後方に枕用角材を敷き，厚板に適度な角度を付け，丸太根元の滑り止めをする。 　(3)　相方の丸太を，設置された厚板上に取手縄をつかんで密着させ，丸太根元を固める。 5．安全確認 　(1)　各部を点検して安全を確認する。	【安　全】 ＊保護帽の着用 ・チン丸太結束用ワイヤーロープを使用する。 ・チン丸太を2本用意する。 ・2本取り八の字掛けは3回以上，割掛けは2回以上で結束する。 ・ワイヤーロープ最終端末は，振り分け結束とし縄留めとする。 ・建込みは，6名の作業員で行う。 ・チン丸太控用ロープは，ワイヤーロープ又は繊維ロープを使用する。 ・チン丸太の根元の角度は，滑り止め用厚板面の傾斜面に対して約90°に据え付ける。

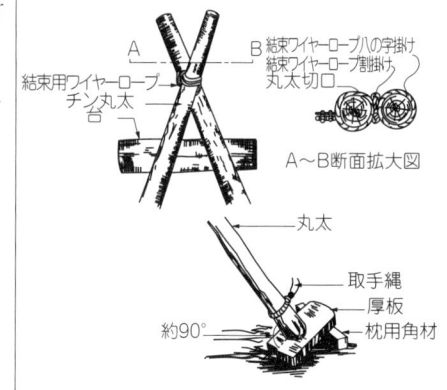

(8) 三又(さんまた)（三脚(さんきゃく)）

[目　的]

3本の丸太（チン丸太）の頂部を正三角形に結束し，主に重量物をつり上げて，台車，トラックなどに積み込む作業や短い距離の移動に使用するためのもの。

[特　徴]

重量物のつり上げ・つり下げや短い距離の移動に使用することにより作業者の疲労軽減及び安全作業が図れる。

[使用上のポイント]

3本の丸太（チン丸太）の頂部を交差させ結束用ワイヤーロープで結束して正三角形に建て込み，交差した部分のオニガミ（短くて太いワイヤーロープ）にチェーンブロックをつり下げ，又は別の場所に据え付けた神楽桟やウインチにて重量物のつり上げ・つり下げ作業を行う。またチン丸太の建て込み三角形内であれば重量物の移動は可能である。

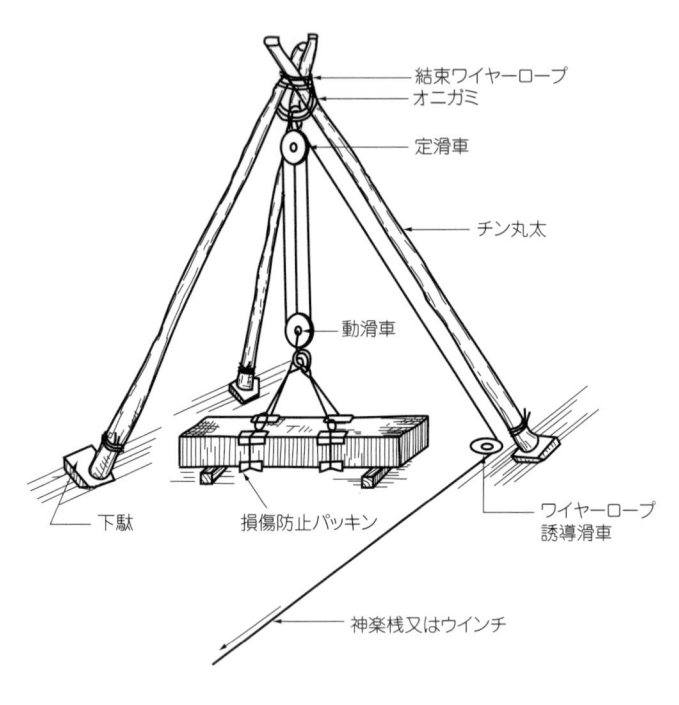

図2－113　三又の取付け状態

[安全と注意事項]

使用前には，結束用ワイヤーロープ，オニガミを必ず点検をする。また，チン丸太の下部の沈み込み防止の板は十分な厚さを有するものを確実に施工する。使用中は，チン丸太の下部の沈み込みを確認しながら作業をし，沈み込みが発生したら即時中止する。

[メンテナンス（手入れ方法）]

使用後は，各ロープやチン丸太の破損の有無の点検を行う。

訓練課題名	三又組立て作業	材　　料

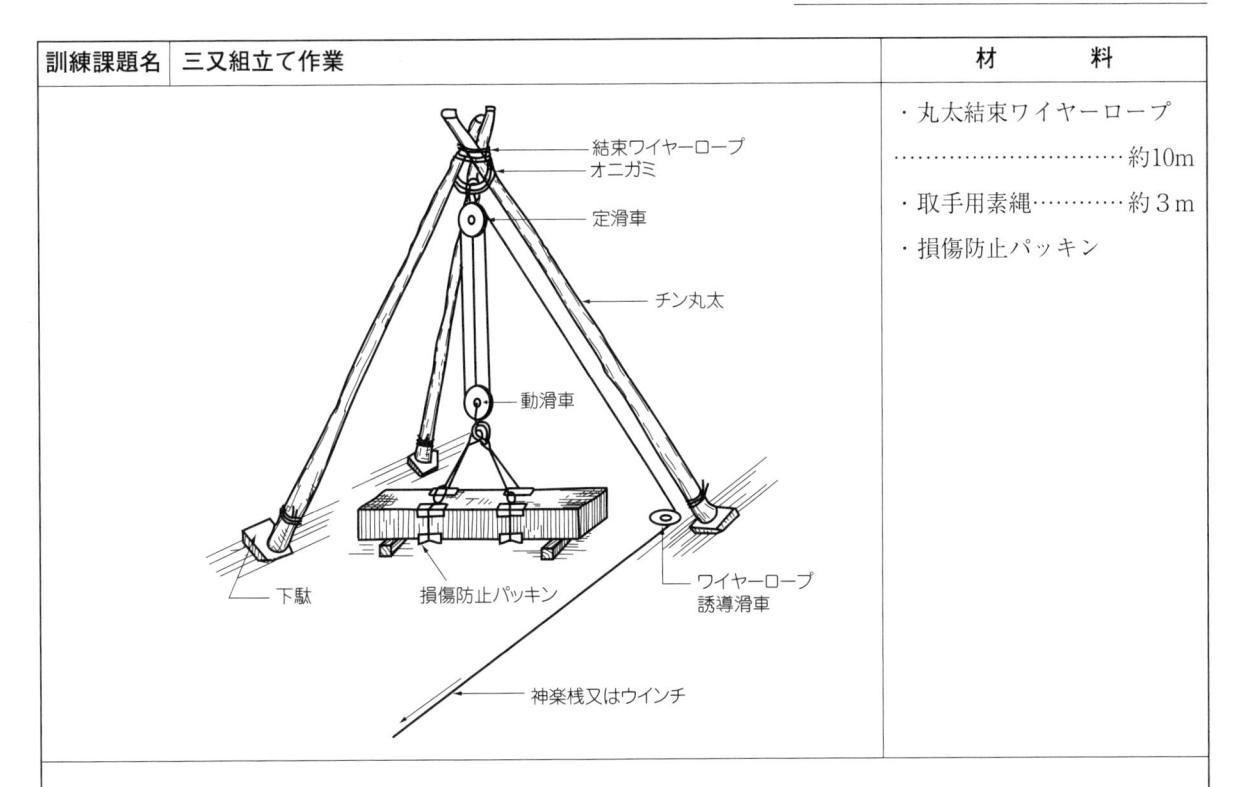

図中ラベル：結束ワイヤーロープ、オニガミ、定滑車、チン丸太、動滑車、下駄、損傷防止パッキン、ワイヤーロープ誘導滑車、神楽桟又はウインチ

材料：
・丸太結束ワイヤーロープ ……………………約10m
・取手用素縄…………約3m
・損傷防止パッキン

1．概　要

三又の組立ては，樹木や庭石などのつり上げを可能にする工程の準備作業である。

2．作業準備

器工具等
・チン丸太　・チン丸太結束用ワイヤーロープ・チン丸太控用補助用ロープ　・厚板（丸太根元部安定滑り止め用）・厚板補助用角材　・スコップ

3．作業工程

(1)　チン丸太の結束
(2)　チン丸太の建込み
(3)　チン丸太根元固め
(4)　安全確認

実　　　　　習	関　連　知　識
1．チン丸太の結束 (1) チン丸太の結束は，3本の丸太の先端を台上に載せ，先端から約30～50cmの箇所で結束できるように並べる。 (2) 結束用ワイヤーロープは，2本取りで八の字掛け，割掛けで結束する。 (3) 補助（緊急事態用）用ロープ1本を丸太に取り付ける。 2．チン丸太の建込み (1) チン丸太は，適度な角度に開いて建て込む。 (2) 建込みは，3本の丸太のうち，外側2本の丸太の滑り止め押さえ2人，中の丸太浮かし1人，丸太の起こし3人で建て込む。 3．チン丸太根元固め (1) チン丸太を3方の位置に配置する。 (2) スコップで3方に浅い穴を掘り，厚板を据え丸太根元の滑り止めをする。 (3) 据え付ける3方の厚板上に，丸太の取手縄をつかみ密着させ，丸太根元を固める。 4．安全確認 (1) 各部を点検して安全を確認する。	【安　全】 ＊保護帽の着用 ・チン丸太結束用ワイヤーロープを使用する。 ・チン丸太を3本用意する。 ・補助用ロープを1本用意する。 ・2本取り八の字掛けは3回以上，割掛けは2回以上で結束する。 ・ワイヤーロープの最終端末は，振り分け結束とし縄留めとする。 ・建込みは，4～6人の作業員で行う。 ・チン丸太の根元の角度は，滑り止め用厚板面の傾斜面に対して約90°に据え付ける。

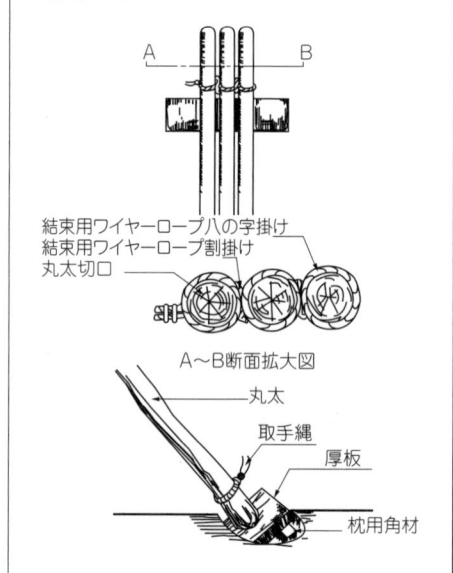

（9） チェーンブロック

目　的

造園施工で樹木その他，庭石などの重量物をつり上げ・つり下げして移動させるためのもの。

特　徴

重量物のつり上げ・つり下げに使用することにより作業者の疲労軽減及び安全作業が図れる。

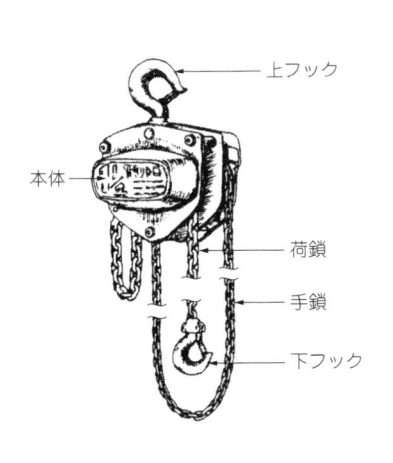

図2－114 チェーンブロック

図2－115 チェーンブロックを使用しての作業

使用上のポイント

1～5tほどの重量物のつり上げ・つり下げなどの作業に適しており，重機類が入れない狭小現場で二又や三又と組み合わせて，石組や大木の移植を行うときに使用する。

チェーンブロックのチェーンには，手鎖と荷鎖がある。荷鎖の先端にはフックが付いており，そのフックに玉掛けした重量物のワイヤーロープの蛇口（アイスプライス）を引っ掛け，その後手鎖を引き歯車を回転させ，数枚の歯車を介して荷鎖が重量物をつり上げ・つり下げする仕組みである。手鎖を引いている途中で，手を鎖から離しても静止しているので安全に作業が行える。

安全と注意事項

使用前は，各フック，外れ止め装置，荷鎖，手鎖は必ず点検をする。過荷重にならないように注意する。使用中は，荷鎖と手鎖が交差した状態やねじれた状態では使用しない。また，重量物を一気に上げ・下げを行わず，特につり上げ時の地切り，つり下げ時の着床はいったん動作を止め，重量物の安定を確認する。

メンテナンス（手入れ方法）

使用後は，各フック，外れ止め装置，荷鎖，手鎖を点検し，可動部分は点検，注油をする。

訓練課題名	チェーンブロックの取付け作業	材　　料
		・梯子結束用縄……… 5 m ・二又，三又の倒壊防止用 　ロープ又はワイヤーロープ

1．概　　要

チェーンブロックの二又掛け取り付けは，庭石などをつり上げる工程の準備作業である。

2．作業準備

器工具等
　　・チェーンブロック　・梯子　・台付けワイヤーロープ　・滑車　・引上げ用ロープ

3．作業工程

(1)　二又を組立てる（73ページ参照）。

(2)　二又に梯子掛け

(3)　チェーンブロック引上げ用滑車取付け

(4)　チェーンブロック取付け

(5)　梯子取り除き

(6)　つり荷準備

(7)　安全確認

訓練課題名	チェーンブロックの取付け作業

実　　　　　習	関　連　知　識
1．二又を組立てる（73ページ参照） 2．二又に梯子掛け 　(1)　梯子を二又に結束用縄で結束する。 3．チェーンブロック引上げ用滑車取付け 　(1)　チェーンブロック引上げ用滑車と，台付けワイヤーロープを取り付ける。 　(2)　チェーンブロック引上げ用ロープを滑車に通す。 4．チェーンブロック取付け 　(1)　チェーンブロック引掛け用台付けワイヤー（オニガミ）を取り付ける。 　(2)　引上げ用ロープの端末をチェーンブロックに結ぶ。 　(3)　引上げ用ロープを引き，チェーンブロックを所定の高さに引き上げ，台付けワイヤーロープに上フックを引っ掛ける。 5．梯子取り除き 　(1)　梯子結束用縄を解き，梯子を取り除く。 6．つり荷準備 　(1)　チェーンブロックの手鎖を引き，荷鎖を下げてつり荷の玉掛け用ワイヤーロープに下フックを掛ける。 7．安全確認 　(1)　各部を点検して安全を確認する。	【安　全】 ＊保護帽の着用 **梯子の据付け** ・梯子は地平面に対して75°を原則とする。 ・梯子の上端を結束部から60cm以上突き出すこと。 ・梯子の幅は30cm以上とし，踏み桟は等間隔に設けること。 ・梯子に滑り止めが付いていること。 **チェーンブロックの注意事項** ・チェーンブロック引き上げのときは，ロープの結び箇所は上フック以外の箇所とする。 ・ねじれた状態で使用しない。 ・正しい角度で使用する。 ・過荷重にならないようにする。 ・チェーンを高所から落とさない。 ・チェーンを荷の下から引きずり出さない。 ・チェーンを短くするためにピンなどを差し込まない。 ・チェーンを低温の場所で使用するときは，衝撃を与えない。

(10) 神楽桟(かぐらさん)

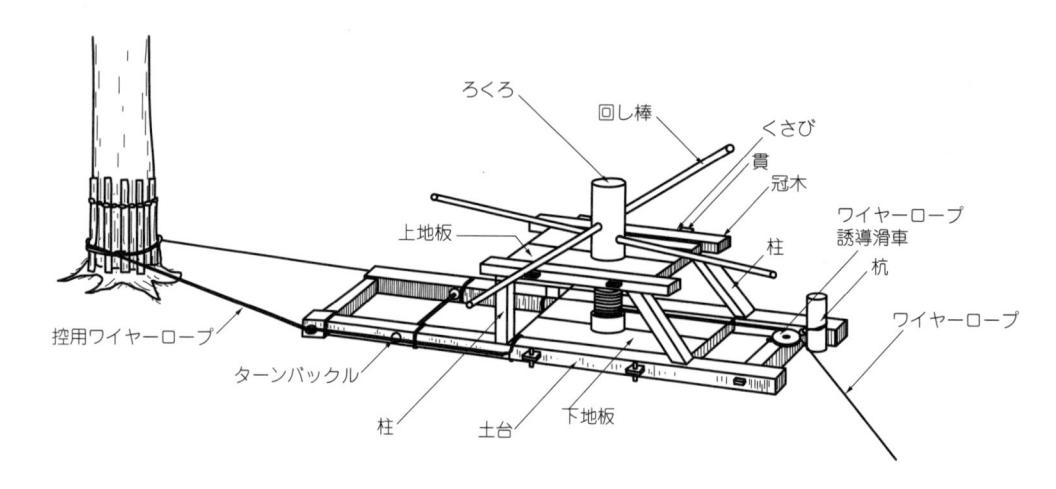

図2-116 神楽桟の取付け作業

目　的

重量物の大きさにより2〜8人で、軸にロープ又はワイヤーロープを巻きながら、庭石や大木などの重量物の移動・運搬をするためのもの。

特　徴

重量物の運搬に使用することにより作業者の疲労軽減及び安全作業が図れる。

使用上のポイント

ろくろを軸として、それに丸太などの回し棒を横向きに差し込み、回し棒を数人で押してろくろ下部にロープ又はワイヤーロープを巻き取り、重量物を目的の場所に移動搬送する。

在来工法としての動力源では、最大限の力を発揮する道具であるが、力を増すには回し棒の長さや人数を増す必要がありそのため広いスペースが必要となる。狭小現場ではウインチが使用される。

安全と注意事項

使用前に、控用ワイヤーロープの取り付け箇所には、素縄巻き、こも巻き、カツブシ（丸太二つ割材）を取り付け、養生を行う。ロープ又はワイヤーロープ、回し棒の破損点検を行う。また、機体の滑り止め用の杭を確実に打ち込むこと。

メンテナンス（手入れ方法）

使用後は、各軸受部などの可動部分は点検、注油をする。

(11) ウインチ

目　的

神楽桟と同様の機能を有するもので、軸やドラムにワイヤーロープを巻きながら、庭石や大木などの重量物の運搬をするためのものである。

特　徴

重量物の運搬に使用することにより作業者の疲労軽減及び安全作業が図れる。

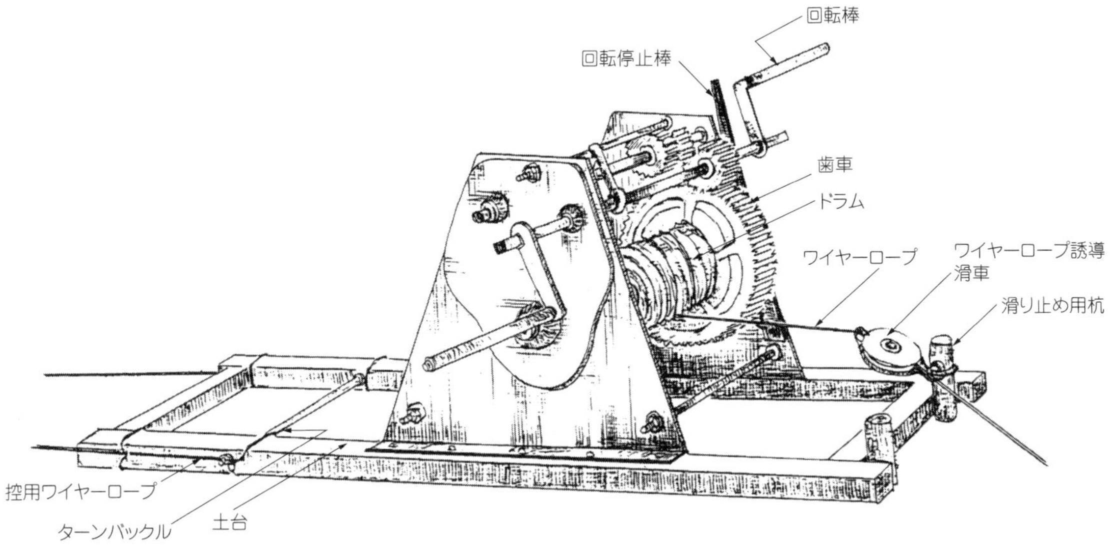

図2－117　ウインチの構造

|使用上のポイント|

　動力源は，手動式，電気式，エンジン式があり，重量物の大きさや現場の状況などにより使い分ける。神楽桟より機体の大きさが小さいため，狭小現場に適している。

　回転棒にドラムが直結されておらず，いくつかの歯車を介しているので，小さな力で重いものを運搬することができる。

|安全と注意事項|

　使用前に，控用ワイヤーロープの取り付け箇所には，素縄巻き，こも巻き，カツブシ（丸太二つ割材）を取り付け，養生を行う。ワイヤーロープ，歯車，回転棒などの破損点検を行う。また，機体の滑り止め用の杭を確実に打ち込むこと。

　使用中に，一時停止する場合は，回転巻き付けドラム歯車と回転棒側歯車の間に歯止め用小板を挟む。

|メンテナンス（手入れ方法）|

　使用後は，歯車，軸受部などの可動部分は点検，注油をする。

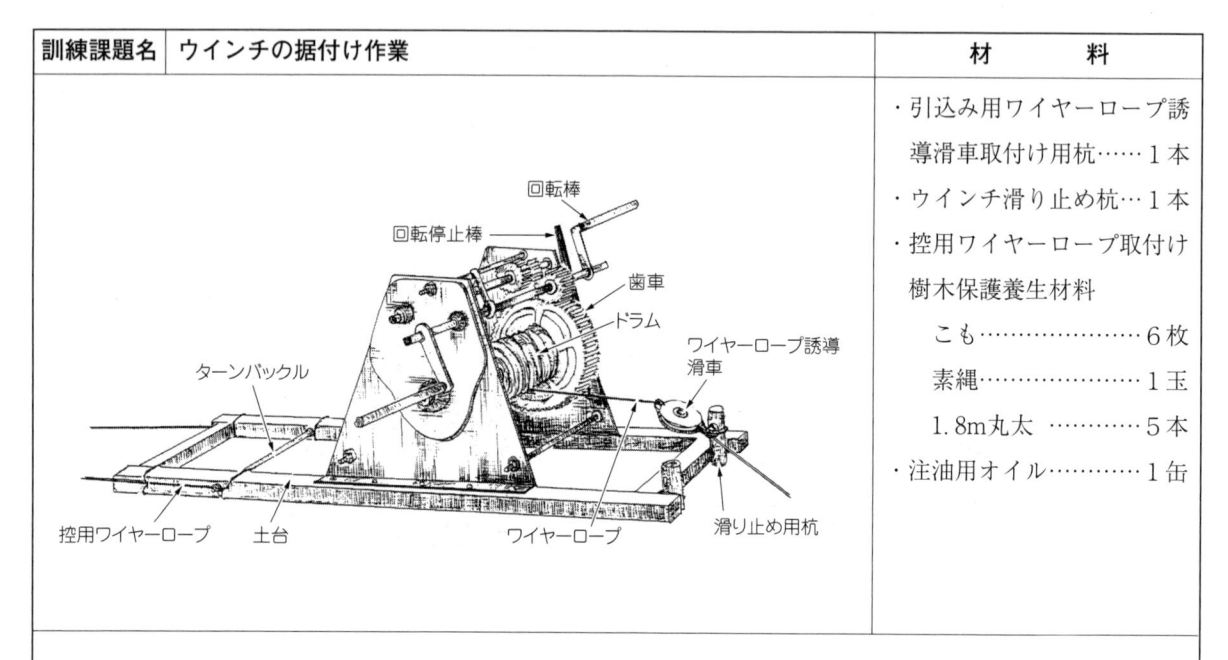

訓練課題名	ウインチの据付け作業	材　　料

（図：ウインチ据付け図。ラベル：回転棒、回転停止棒、歯車、ドラム、ワイヤーロープ誘導滑車、ターンバックル、控用ワイヤーロープ、土台、ワイヤーロープ、滑り止め用杭）

材料：
- 引込み用ワイヤーロープ誘導滑車取付け用杭……1本
- ウインチ滑り止め杭…1本
- 控用ワイヤーロープ取付け樹木保護養生材料
  - こも……………6枚
  - 素縄……………1玉
  - 1.8m丸太 ………5本
- 注油用オイル…………1缶

1．概　　要

ウインチの据え付けは，樹木や庭石などの重量物の引き込み，つり上げなどの工程の準備作業である。

2．作業準備

器工具等

　・ウインチ　・掛矢　・控用ワイヤーロープ　・鋸　・鋏　・スコップ　・金梃子　・枕用角材　・引込み用ワイヤーロープ誘導滑車及び台付きワイヤーロープ

3．作業工程

(1) ウインチの位置出し設置
(2) ウインチの滑り止め，引込み用ワイヤーロープ及び誘導ワイヤー取付け杭の打込み
(3) 控用ワイヤーロープの取付け
(4) 引込み用ワイヤーロープ誘導滑車取付け
(5) 引込み用ワイヤーロープ端末のウインチドラムへの巻付け
(6) 安全確認

実　　　　　習	関　連　知　識
1．ウインチ位置出し設置 　(1)　施工上合理的な位置であること。 2．ウインチの滑り止め，引込み用ワイヤーロープ及び誘導ワイヤー取付け杭の打込み 　(1)　誘導滑車取付け杭及び滑り止め杭は，長めの杭を使用する。 　(2)　杭を掛矢で打ち込む。 3．控用ワイヤーロープの取付け 　(1)　取付け樹木の養生を行う。 　(2)　ウインチ土台ターンバックルの部分からワイヤーロープを取り付ける。 　(3)　途中1箇所綾掛け締付けを行って控樹に結束する。 4．引込み用ワイヤーロープ誘導滑車取付け 　(1)　ワイヤーロープ誘導杭に，台付きワイヤーロープを結束する。 　(2)　誘導滑車を台付きワイヤーロープに掛ける。 5．引込み用ワイヤーロープ端末のウインチドラムへの巻付け 　(1)　引込み用ワイヤーロープの端末は，誘導滑車を通じてウインチのドラムに巻き付ける。 　(2)　注油用オイルを各軸受などに注油する。 6．安全確認 　(1)　各部を点検して安全を確認する。	【安　全】 ＊保護帽の着用 **ウインチの設置位置** ・狭い場所でも使用できる。 **控用ロープ取付け樹の保護養生** ・控樹の幹に素縄巻きを行う。 ・その上にこもなどで巻き付け，縄で結束する。 ・丸太二ツ割りでカツブシ（ワイヤーロープの食い込みを防止する堅木で，すだれ状にしたもの）をつくり，こも巻きの上から取付けして結束する。 **ウインチ本体の滑り止め** ・ウインチ本体の前方への滑りがあるときは，後方の横桟前に杭を打ち滑りを防ぐ。 **人力での出力不足のとき** ・ドラム歯車に連動歯車を加えて出力を増す。 **引込み用ワイヤーロープの一時停止** ・引込み用ワイヤーロープの一時停止のときは，必ず回転巻付けドラム歯車と，回転棒側歯車の間に歯止め用小板を挟んで停止させる。

（12）こ　ろ

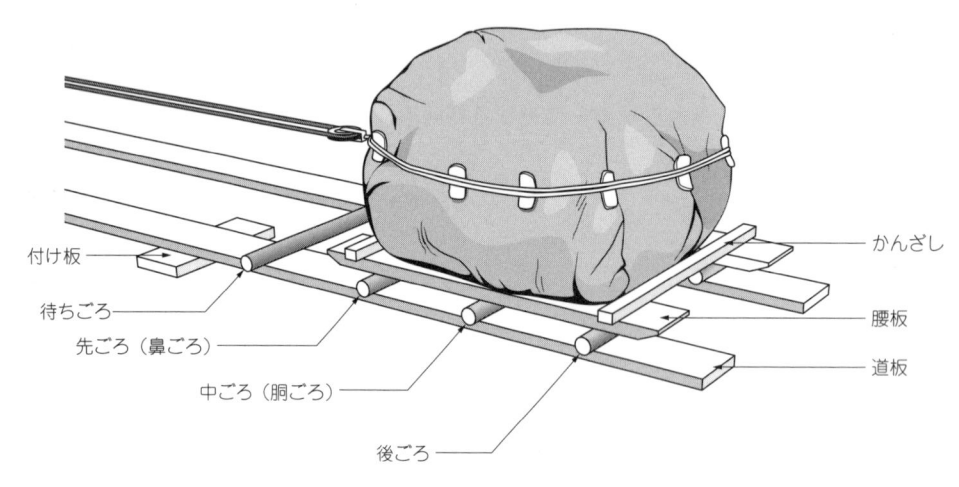

図2-118　ころの使用例

ラベル：付け板、待ちごろ、先ごろ（鼻ごろ）、中ごろ（胴ごろ）、後ごろ、かんざし、腰板、道板

目　的

　直径10～15cm，長さ1.2～1.5mのカシ・ケヤキなどの堅木の丸棒で，庭石や大木などの移動時に道板と重量物を載せた腰板との間に並べて，重量物の動きを円滑にするためのもの。

特　徴

　通常は重機で作業を行っているが，重機が入れない狭小現場などで数十ｔの庭石や大木の移動には必ず必要である。

図2-119　ころを使用しての作業

使用上のポイント

　ころと道板と腰板を組み，その上に重量物を載せ，かんざし（角材）などをあてがい重量物を安定させる。重量物の周囲にベルトスリング（89ページ参照）を掛け，神楽桟やウインチなどで引きながら使用後のころを進行方向の道板と腰板の間に順次入れながら移設場所に移動する。

安全と注意事項

　使用前に，ころや道板や腰板の破損点検をし移動経路を平らに整地する。

　使用中に，ころの端をたたきながら方向修正をするため道板より両端は突き出しておく。

　予備のころを必ず用意して一時停止のときに使用する。

メンテナンス（手入れ方法）

　使用後は，ころの破損の有無の点検を行う。

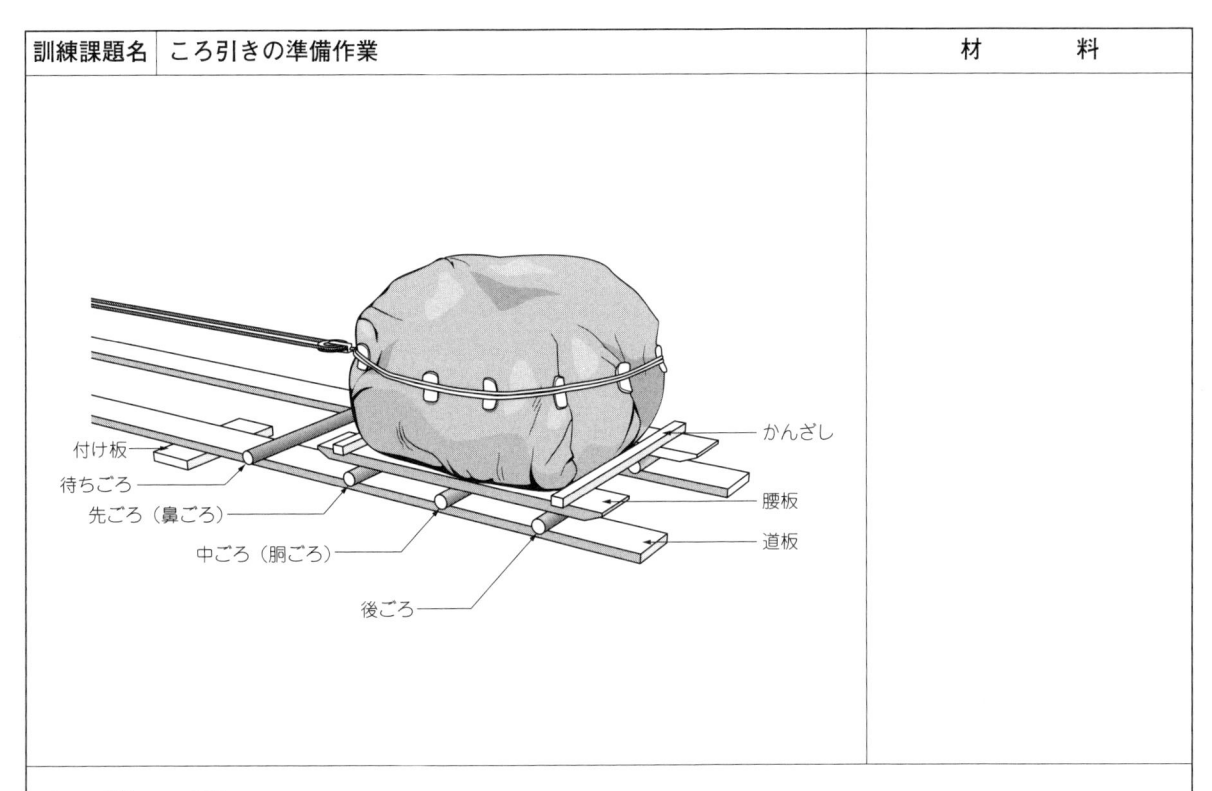

訓練課題名	ころ引きの準備作業	材　　料
	(図：付け板、待ちごろ、先ごろ（鼻ごろ）、中ごろ（胴ごろ）、後ごろ、かんざし、腰板、道板)	

1. 概　　要

ころは，重量物の運搬を在来工法で行うときに使用するもので，その工程の準備作業である。

2. 作業準備

器工具等
　・道板　・付け板　・ころ　・ころの方向修正用木槌　・腰板　・かんざし　・固定用角材　・スコップ
　・歯止め用小板

3. 作業工程

(1) 道板敷き

(2) ころ置き

(3) 腰板入れ

(4) かんざし入れ

(5) 安全確認

訓練課題名	ころ引きの準備作業	

実　　　　　習	関　連　知　識
1．道板敷き 　(1)　スコップで通過路の凹凸の修正を行う。 　(2)　付け板を設置する。 　(3)　ころの長さを測り道板を相方に平行に置く。 2．ころ置き 　(1)　3本のころを可動ころとして，道板の上に置く。 　(2)　残り1本のころを，待ちごろとして進行方向の前方道板上に仮り置きし，1本を予備ごろとする。 3．腰板入れ 　(1)　腰板は，荷幅に合わせてころの上に置く。 4．かんざし入れ 　(1)　かんざしは，荷の当たり具合を見計らって置く。 　(2)　固定用角材は，荷とかんざしのすき間に入れる。 　(3)　木槌で打ち込み荷を固定する。 5．安全確認 　(1)　各部を点検して安全を確認する。	【安　全】 ＊ころの方向修正時，指先の負傷に気を付ける。 付け板の設置 ・付け板は，整地した地面と平らに設置する。 ころの名称と用途 ・ころを5本用意する。 ・ころの名称は，進行方向より，先ごろ（鼻ごろ），中ごろ（胴ごろ），後ごろ（ともごろ）という。また，仮り置きのころを待ちごろという。 　なお，緊急の場合を想定して必ず予備ごろを用意しておく。 ・ころの両端は道板より突き出しておく（木槌での方向修正たたき用）。 素　材 ・腰板，かんざし，ころ，付け板などの素材は，堅木のカシ，ケヤキなどを使用する。 腰板の角度と歯口 ・腰板の歯口を点検しておく。 ・腰板の歯口角度は，約35～40°程度とする。 歯口　約35～40°　　腰板 作業要領 ・引き荷の左右方向変換は，中ごろはそのままで，先ごろと後ごろを八の字切りとする。 ・道板の継ぎ目は，付け板の場合を除き，芋継ぎを避ける。やむを得ないときは芋継ぎには補助板を継ぎ目と平行に置く。

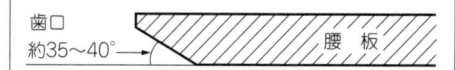

5.2 運搬補助具の種類

(1) ベルトスリング

目　的

　合成繊維でつくられたベルト又はロープ状のもので，樹木や庭石などをクレーンでつるとき，樹皮保護や傷防止の目的で使用するためのもの。

図2-120　ベルトスリング

特　徴

　樹木の生育に大きく影響する樹皮の損傷が防止できるなどである。

使用上のポイント

　種類は，両端金具付き，エンドレス形，両端アイ形がある（図2-121）。素材によっては薬品や紫外線に対する抵抗性が異なるため，用途，使用環境条件に応じた適切なものを選ぶことが大切である。

　ベルトスリングには，基本使用荷重や幅，長さが明示されているのでつろうとする重量物に合うものを使用する。高温下での使用は避け（100℃以下とする。），50℃以上ではつり上げ荷重の最大使用荷重の50％とする。また，庭石などの角張った部分には必ず当てものを施し，ベルトスリングの保護をする。

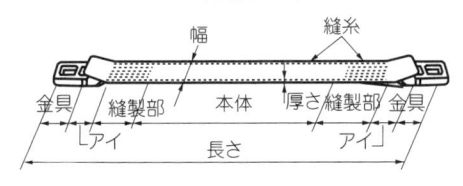

(a)　両端金具付き

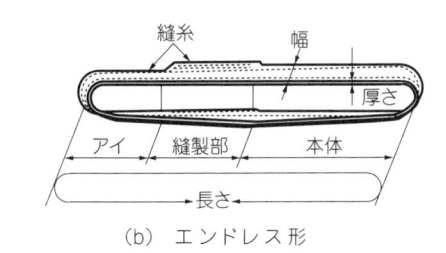

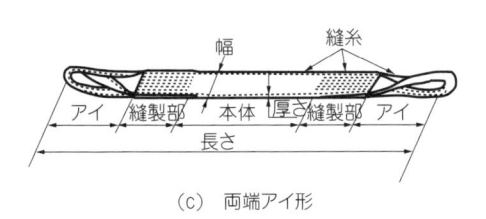

(b)　エンドレス形

(c)　両端アイ形

図2-121　ベルトスリングの種類と名称 　　図2-122　ベルトスリング使用時の養生

安全と注意事項

　ベルトスリングでの目通しつりはできるだけ深絞りとする。浅絞りでは地切りのとき目通

し部分が磨耗して損傷の原因となる。また，重量物をつり上げたまま長時間放置すると性能の低下を招き，水や油にぬれると重量物が滑りやすくなる。

ベルトスリングを特殊な状態（互いに引っ掛ける。極端によじる。結ぶ。）で使用する場合は，製造業者の指示を仰ぐ。

メンテナンス（手入れ方法）

使用後は，損傷の有無を点検し損傷があれば廃棄処分とする。

保管場所は，熱，日光，薬品などの影響を受けない場所や湿気の少ない場所とする。

(2) ワイヤーロープ

目　的

多数の鋼線で構成された玉掛け用具で，重量物をつるためのものである。

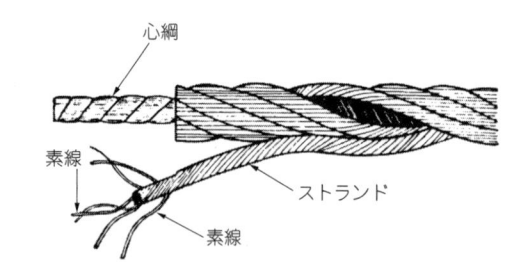

特　徴

鋼線を十数本より合わせてストランドをつくり，このストランドをさらにより合わせて製造されたもので柔軟かつ強じんなため，繊維ロープより重量物をつることができる。

図2−123　ワイヤーロープの構成

使用上のポイント

重量物の重さによりワイヤーロープの太さを変える必要がある。玉掛け用は端末にストランドがほぐれないように蛇口がついている。

安全と注意事項

ワイヤーロープの取り扱いの良否は，作業の安全，能率，寿命に大きな影響を及ぼすため，同じ部分を何回も曲げたり，とがったものに直接当てたり，よれた状態での使用は避ける。また，細くなっているもの，キンク，形くずれなどの異常変形のものは廃棄する。

重量物をつったとき，ワイヤーロープの外周に油がにじみ出る状態は安全荷重を超えているということなので，すぐに荷を下ろす。

メンテナンス（手入れ方法）

長期使用後は，汚れを拭き取り，心綱専用のロープ油の補給を行う。特に高温度，塩分，酸，亜硫酸などを扱う場所で使用するものには絶えず塗油する。

保管場所は，湿気，高温，酸などのない風通しのよい場所とする。

(3) チェーン

目　的

丸鋼を一定の長さのリング状に加工し，継ぎ目を鍛接又は溶接してつくられるもので，ワイヤーロープと同じような使われ方をするもの。

特　徴

ワイヤーロープに比べ，耐熱性，耐食性に優れている。

(a) リンクチェーン

(b) スタッド付きリンクチェーン

図2-124　チェーンの種類

図2-125　チェーンの使用例

使用上のポイント

型くずれしにくい特性のため，高温環境下や庭石などの玉掛け作業などに使用する。

滑車などのフックの取り付けに使用されているものはショートリンクチェーンであるが，重量物の玉掛けにはスタッド付きチェーンが適している（図2-124）。

安全と注意事項

チェーンはよれた状態での使用は避け，正しいつり角度で，過荷重にならないように注意する。リンクにピンなどを差し込んで短くしたり，足場用つりチェーンを玉掛けに使用してはならない。

メンテナンス（手入れ方法）

使用後は，付着した土などの汚れを拭き取り，破損の有無や変形の点検をし，必要に応じて塗油し防せいを行う。

(4) シャックル

目　的

玉掛け用ワイヤーロープの使用時に用いられるものである。

特　徴

バウシャックルとストレートシャックルがあり，シャックル本体とシャックルボルト，ピンなどを組み合わせて使用するが，特に絞りづりの場合はワイヤーロープの保護になる。

(a) バウシャックル

(b) ストレートシャックル

図2-126　シャックルの種類

使用上のポイント

シャックルに掛かる荷重の大きさにより適切な寸法のシャックルを使用する必要がある。特にねじ込み式シャックルで絞りづりを行う場合は，蛇口（アイスプライス）をねじ側に通すようにする。

安全と注意事項

使用中は，シャックル本体に曲げの力が加わらないように注意する。また，ねじ部は締め

戻しをし，過負荷や衝撃で変形したものは使用しない。

| メンテナンス（手入れ方法） |

使用後は，付着した土などの汚れを拭き取り，破損の有無や変形の点検をし，ボルト，ピンのねじ部に注油する。

図2－127　シャックルを使用しての作業

第6節　仕上げ用工具

造園施工における仕上げ作業は，樹木の植付け仕上げ，樹木剪定仕上げ，石積み石組仕上げ，垣根仕上げなど数十種類があげられる。

この数ある工種の中より，鏝（こて）を使用しての仕上げ作業には，モルタル，コンクリート，敷石，石積み，石張りなどのコンクリート下地の床づくりと，据付け，モルタル目地の押さえなどがある。また，鏝には各種あり用途により使い分ける。

図2－128　鏝の種類

図2－129　鏝を使用してのならし作業

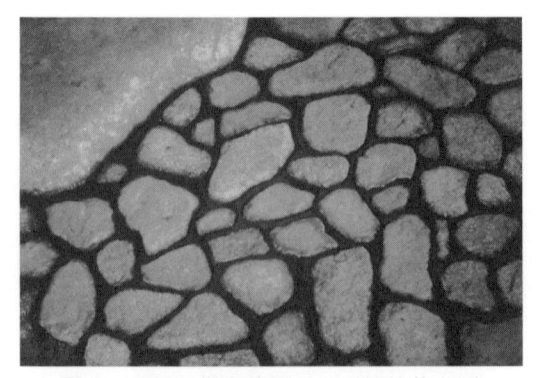

図2－130　鏝を使用しての目地仕上げ

6.1 鏝の種類

(1) 目地鏝

|目　的|

　細い棒状の鏝で，敷石，石張り，延段（石畳），石積み（練積み）などの目地にモルタルを詰めたり，押さえて仕上げるときに使用するものである（図2－131）。

|特　徴|

　目地からはみ出たモルタルを押さえ込んだり，石の表面に付着したモルタルをかき落とすときにも重宝である。鏝の幅は，石の合端に合わせて5～15mmぐらいに分かれている。

図2－131　目地鏝（金属製）

|使用上のポイント|

　種類は，市販されている金属製と手製のものがある（図2－132）。手製は竹で製作したものや，針金，鉄棒を加工して目地幅に合わせたつくりの鏝は目地の深さも一定に仕上げることができる。特に目地の断面をかまぼこ状に仕上げるときは手製が適している。

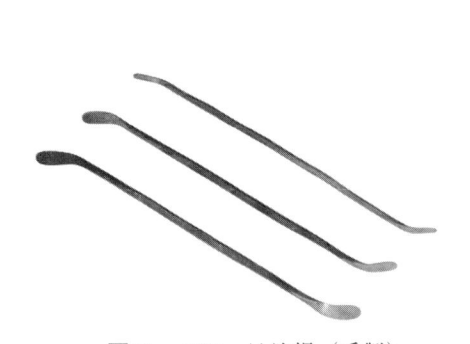

図2－132　目地鏝（手製）　　　図2－133　目地鏝を使用しての作業

|安全と注意事項|

　使用中は，モルタルが鏝面に固着すると目地の表面がきれいに仕上がらないので，常にモルタルを拭き取りながら施工する。また，使用しないときは，バケツなどの水に入れておきモルタルの固着を防ぐ。

|メンテナンス（手入れ方法）|

　使用後は，金属製・竹製の鏝は付着したモルタルが固着する前によく洗浄し，金属製は油をしみこませた布で拭き防せいを行う。竹製は磨耗しやすいので目地幅に合わせた修正を行う。

(2) 煉瓦鏝（おかめ鏝）

|目　的|

　小さな面積のモルタルを平面に均一に仕上げたり，小さな穴を掘ったり，地ならし作業の

ときに使用するものである。

[特　徴]

金属製で薄く丸い面（直径：10～15cm）を持った鏝なので，小さな面積のモルタル仕上げに適している。

[使用上のポイント]

図2－134　煉瓦鏝

仕上げ作業だけではなく，モルタルを練ったり，丸い面にモルタルを載せて鏝板（左官作業時に使用する。）の代わりにも使える。また，移植鏝の代わりに穴を掘ることも可能である。

[安全と注意事項]

移植鏝の代わりに使用する場合は，固い土を無理に掘ろうとすると鏝面と柄の接合部分に無理な力が加わり破損することがある。

モルタル使用中は，鏝面に固着するときれいに仕上がらないので，常にモルタルを拭き取りながら施工する。また，使用しないときは，バケツなどの水に入れておきモルタルの固着を防ぐ。

図2－135　煉瓦鏝を使用しての作業

[メンテナンス（手入れ方法）]

使用後は，モルタルや土などをよく洗浄し，油をしみこませた布で拭いて防せいを行う。

（3）中塗り鏝（仕上げ鏝）

図2－136　仕上げ鏝　　　　　図2－137　仕上げ鏝を使用しての作業

[目　的]

平たんな面のモルタル施工に使用する鏝で，敷石，延段，蹲踞の海などの下地塗りのときに使用するものである。

＊　蹲踞：茶会のとき，茶室に入る前に手水を使うため手水鉢（手を洗い口をそそぐための水をはった鉢）を中心に一組の役石で構成されたもの。

特　徴

　幅10cm長さ20cmぐらいの平らな鏝面を持つ鏝なので，広い面積を平らに均一に仕上げることができる。

使用上のポイント

　モルタル使用中は，鏝面に固着するときれいに仕上がらないので，常にモルタルを拭き取りながら施工する。また，使用しないときは，バケツなどの水に入れておきモルタルの固着を防ぐ。

　下地塗りには中塗り鏝が適しているが，モルタルを塗った面が視線にさらされるところは，鏝面の厚さが薄いためきれいに仕上がるので仕上げ鏝の方が適している。

安全と注意事項

　使用中は，鏝先がとがっているので怪我をしないように注意する。無理な力で塗り作業をした場合に鏝面と柄の接合部分に無理な力が加わり破損することがある。

メンテナンス（手入れ方法）

　使用後は，モルタルをよく洗浄し，油をしみこませた布で拭いて防せいを行う。

(4) 柳刃鏝（やなぎばこて）

図2－138　柳刃鏝　　　　　　　　　図2－139　柳刃鏝を使用しての作業

目　的

　鏝面が小さいため広い面積の塗りには適さず，細かい部分や隅などの塗り作業に適している。

特　徴

　鏝先が細くなっているので，細かい部分や隅などの塗りがきれいに仕上がる。

使用上のポイント

　敷石，延段などの側面塗り仕上げや石張り側面などのモルタル押さえ，塗り仕上げにも使用されている。

安全と注意事項

　モルタル使用中は，鏝面に固着するときれいに仕上がらないので，常にモルタルを拭き取りながら施工する。また，使用しないときは，バケツなどの水に入れておきモルタルの固着

を防ぐ。

使用中は，鏝先がとがっているので怪我をしないように注意する。また，柄の部分で石などをたたいた場合に鏝面と柄の接合部分が緩むことがある。

|メンテナンス（手入れ方法）|

使用後は，モルタルをよく洗浄し，油をしみこませた布で拭いて防せいを行う。

(5) 木鏝（きごて）

図2-140 木 鏝

図2-141 木鏝を使用しての作業

|目　的|

鏝面が木製の鏝で，主にコンクリートの粗打ち時に使用するものである。

|特　徴|

鏝面が木製でできているため塗り面の表面は粗面となるので，仕上げには不向きである。しかし，表面積が多いのでその上に仕上げ塗りをする場合には適している。

|使用上のポイント|

使用するときは，鏝面を水に濡らしてから使用するとスムーズに塗り作業を進めることができる。

|安全と注意事項|

モルタル使用中は，鏝面に固着するときれいに仕上がらないので，常にモルタルを拭き取りながら施工する。また，使用しないときは，バケツなどの水に入れておきモルタルの固着を防ぐ。

使用中に，コンクリートなどを無理に塗ろうとすると鏝面と柄の接合部分に無理な力が加わり破損することがある。

|メンテナンス（手入れ方法）|

使用後は，モルタルをよく洗浄し，磨耗，変形などがある場合は修正・整備をする。

第7節　清掃用具

造園施工中の工程管理，労働安全衛生管理面において，所内諸物の整理整頓は基本的な行為であり，かつ実行しなければならない。

また，現場においては，諸作業の出来栄えをさらに美しく見せるためにも充実した清掃作業を心掛けなければならない。そのため，清掃作業をより合理的に行うために必要な用具として，竹箒（たけぼうき），手箒（てぼうき），熊手（くまで），箕（み）などの諸道具がある（図2－142）。

清掃方法は多種多様で，その現場，環境などに則した作業の手順が望ましい。また，清掃用具も作業に合った用具があり，造園作業においてもこれらの用具を使用する機会が多い。

清掃の手順として，熊手で荒塵（あらごみ）の部分をかき出し集積する（図2－143）。手箒で細かな部分を掃き出し箕に取り入れ，熊手で集積した場所に運んで，荒塵とともに指定の場所に処理する（図2－144）。最後に竹箒を使用して丁寧に掃き，細かな塵（ちり）を箕に集積しながら清掃仕上げをする（図2－145）。

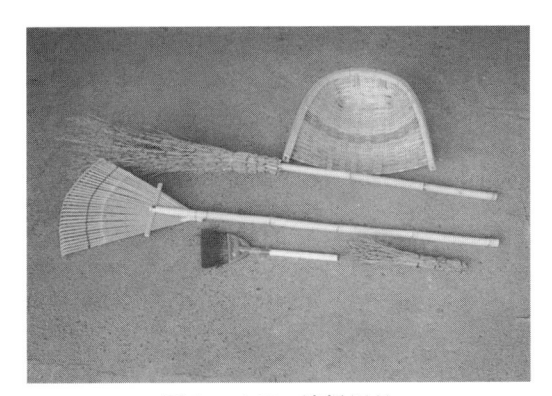

図2－142　清掃用具

図2－143　熊手を使用してのかき出し作業

図2－144　手箒を使用しての掃き出し作業

図2－145　箕に取り入れる作業

(1) 竹箒（たけぼうき）

図2-146 竹箒

図2-147 竹箒を使用しての作業

目　的

作業の終了時や日常的に庭及び周辺路上などを清掃するときに使用する。

特　徴

竹箒の柄は丸竹で、穂は竹穂などを使用する。長さは1.2～1.5mくらいである。細部の掃き出しには不向きであるが、一般的な広場、敷砂利の上、園路、路上などの仕上げの清掃に適している。

使用上のポイント

使用するときは、穂先全体を使い、片使いは変形を招き作業しづらくなる。特に、小砂利上の清掃では変形した穂先で作業すると塵と砂利が同時に掃き寄せられてしまう。

安全と注意事項

購入するときは、柄と穂先の取付け部分がしっかりしたものを選ぶ。

保管するときは、穂先を上に立てかけて穂先の保護を図る。

メンテナンス（手入れ方法）

使用後は、柄と穂先の取付け部分を点検し緩みがあれば針金で固定をする。また、穂先の不揃い部分は鋏で修正する。

(2) 手箒（てぼうき）

図2-148 手箒と万年箒

図2-149 手箒を使用しての作業

目　的

低木、株物、地被類などの下部の塵をかき出したり、刈り込み作業時の剪定枝葉を取り除いたり、飛石、敷石に付着した土などを払うときに使用する。

特　　徴

竹箒が入らないような狭いところの塵を清掃するのに適している。

使用上のポイント

不用となった竹箒の穂先を分解し良質の穂だけを選別して，使いやすい大きさに自作したものを使用する場合と市販されている万年箒を使用する場合がある。

安全と注意事項

手箒は穂先の硬軟がポイントであり，地被類などに損傷を与えそうなときは，柔らかいものを使用する。

メンテナンス（手入れ方法）

使用後は，針金締めの部分の点検や穂先の損傷の点検をする。

（3）熊手

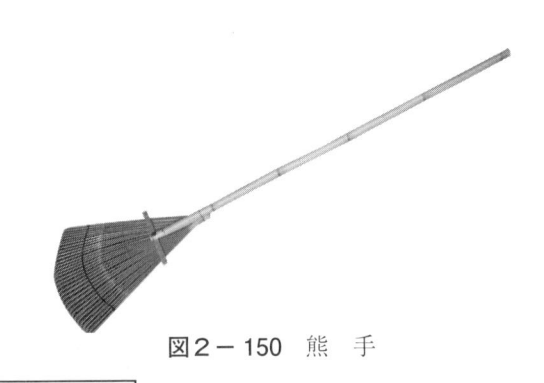

図2-150　熊　手

図2-151　熊手を使用しての作業

目　　的

作業の終了時や日常的に庭，周辺路上などを清掃するときに使用するものである。

特　　徴

熊手は，柄が丸竹でその先端に爪状に曲げた細い割竹を何本も取り付けたものでかき出し用の道具である。長さは大が1.2～1.5mくらい，小は50cmくらいである。

使用上のポイント

爪と爪の間にすき間があるので，あらかたの清掃や砂利の上の清掃に適している。

安全と注意事項

使用中は，爪の先端の損傷や柄との取付け部の緩みなどに注意する。

保管するときは，爪先を上に立てかけてその保護を図る。

メンテナンス（手入れ方法）

使用後は，柄との取付け部の緩みの点検や爪先などの損傷の点検をする。

（4）箕

目　　的

細かい剪定枝葉などを掃き込んだり，芝の目土や肥料をまくときに使用する。

特　徴

細かい剪定枝葉などを掃き込んだりするのに通常の塵取りよりも適している。また，芝の目土や肥料をまくときに脇に抱えやすい大きさである。

使用上のポイント

種類は，竹を編んだ製品とプラスチック製品がある（図2−152）。竹製は破損率が低く補修は可能である。

（a）竹製　　　　（b）プラスチック製

図2−152　箕

安全と注意事項

プラスチック製品は乱暴な扱いをすると割れが生じる。

メンテナンス（手入れ方法）

使用後は，付着した土や汚れをよく落とし，破損の点検をする。

(5) 畚（ふご）

図2−153　箕を使用しての作業

目　的

もっことも呼ばれ，主に剪定枝・剪定葉などを入れ運搬するときに使用するものである。

特　徴

ブルーシートなどに剪定枝・剪定葉などをくるんで運搬するより，取っ手が付いているため作業が効率的に行える。

使用上のポイント

剪定枝・剪定葉などだけでなく，作業前後に箕などの清掃道具の運搬にも便利である。

形状は四角形や丸形などがあり，容量は150〜180ℓくらいである。

使用しないときはコンパクトにたたむことができるので扱いやすい。

安全と注意事項

鋭利なものや重いものを入れると破損する原因となる。またナイロン製の場合，火のそばや紫外線を多く浴びると生地が劣化する。

メンテナンス（手入れ方法）

泥などの汚れをよく落とし，取っ手などの部分に破損がないかを点検する。

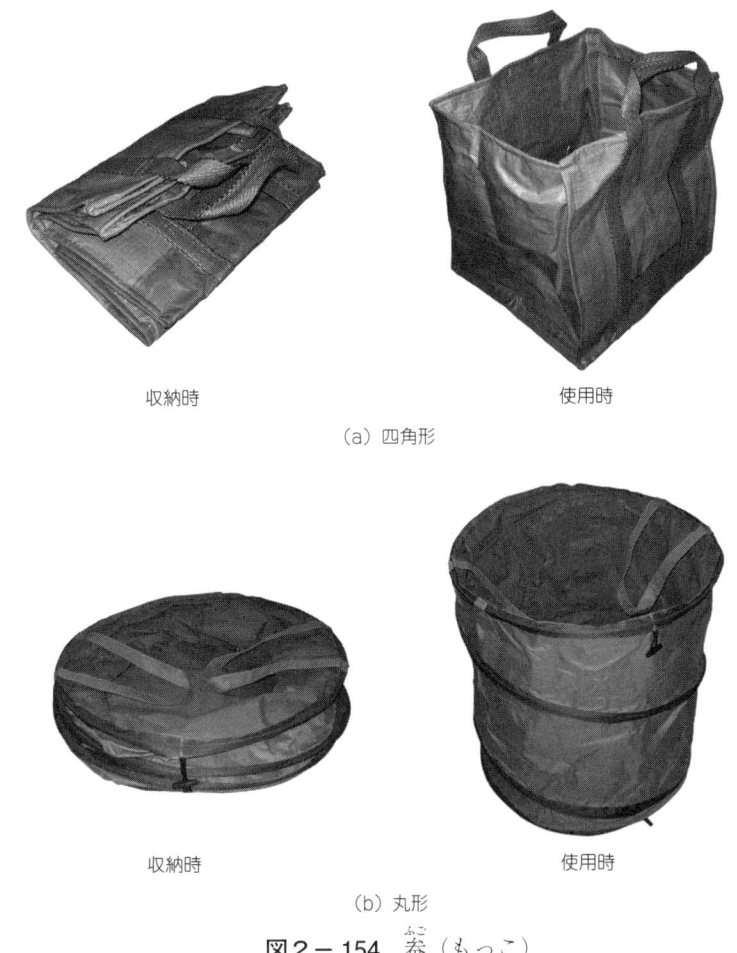

収納時　　　　　　　　　　　使用時
(a) 四角形

収納時　　　　　　　　　　　使用時
(b) 丸形

図2-154　畚（もっこ）

第8節　園芸用具

　園芸用具は，園芸専門家と園芸愛好家の使用する道具で，種類と品質はあまり格差がない。また，園芸作業面と造園作業面の両方兼用している道具がほとんどであり，その利用範囲は非常に広い。

　大規模な花壇造成では，機械を駆使する工法が用いられる。公園内又は一般家庭の花壇づくり作業は，ほとんどが手作業工程である。

　床づくりに必要な道具類は，鍬，鋤，ガーデンフォークなどである。花鉢，球根などの移植や植付け作業に必要な道具類は，移植鏝，如雨露などである。また，除草作業には，草掻き，鎌など，さらに苗物の生産用土の選別用として，篩などの道具類がある。花壇づくりには，上記の道具類が共通して使用される。

大規模造園施工の花修景での個性豊かな花壇としては，イベント用花壇，入口周辺の花壇，噴水回りの花壇，花時計，歩道沿いの花壇，中庭花壇，庭園花壇などである（図2－155～図2－157）。

これらの花壇には，一年草，宿根草，球根草花などを取り混ぜ，各花の開花時期に合わせて植付け作業が行われる。

図2－155　歩道沿いの花壇

図2－156　庭園花壇

図2－157　中庭花壇

また，一般住宅庭園の前庭内通路沿いには，添景物，景石などや添え花などを用いる。主庭内には，ベランダ，食堂前面の花壇，植込み地の一部，四阿(あずまや)周り花壇などをつくる。後庭には，切花用花壇，蔬(そ)菜園花壇などがつくられる。

切花は使用時の供給が満たされるよう適期に植え付けを行う。

8.1　園芸用具の種類

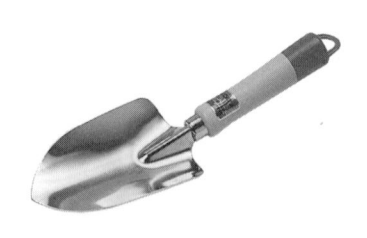

図2－158　移植鏝

図2－159　移植鏝を使用しての作業

(1)　移植鏝(いしょくごて)

目　的

小さなショベル状のもので，土の掘削，地被類（苔類）・草花の定植，移植，球根の植え付けなどを行うときに使用する。

特　徴

　扱いやすい大きさなので小さな草花などの細かい作業を行うときに適している。

使用上のポイント

　鏝の材質は，鉄・ステンレス製が主流である。使いやすいのは，鏝全体の厚さが1mm以下で，柄の付け根の裏側のくぼみに折れ止めが付いているもの。

　使用中は，鏝に付着した土を落としながら作業を進めると効率がよい。

安全と注意事項

　固い土を無理に掘ろうとすると，鏝と柄の接合部分に無理な力が加わり破損することがあるので注意する。

メンテナンス（手入れ方法）

　使用後は，付着した土などをよく洗浄し，油をしみこませた布で拭いて防せいを行う。

（2）ガーデンフォーク

図2－160　ガーデンフォーク　　**図2－161**　ガーデンフォークを使用しての作業

目　的

　木製の柄の先にフォーク状の金属が付いたもので，その先端で固くなった土などを砕くときに使用する（図2－160）。

特　徴

　扱いやすい大きさなので小さな面積の土をほぐす作業を行うときに適している（図2－161）。

使用上のポイント

　プランター内の土や地被類（リュウノヒゲなど）の植え付け時の表土をほぐす。また，諸作業にも使用される。

安全と注意事項

　固い地面に突き刺して無理な引き起こしを行うと，柄の接合部分に余計な力が加わり破損することがあるので注意する。

メンテナンス（手入れ方法）

　使用後は，付着した土などをよく洗浄し，油をしみこませた布で拭いて防せいを行う。

（3） 草掻き（草削り）

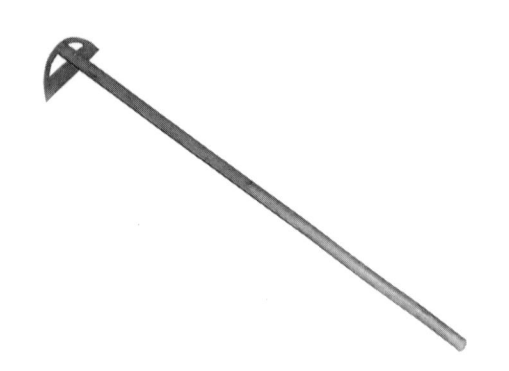

図2－162　草掻き

図2－163　草掻きを使用しての作業

目　的

鍬の一種で長い柄の先端に半円形の鋭利な刃が付いているもので、除草作業を行うときに使用する。

特　徴

花壇などの外周などに繁茂した雑草をかき取るときに使用されるが、長い柄が付いているので立ったままの姿勢で作業ができるので作業者の疲労軽減が図れる（図2－163）。

使用上のポイント

刃先は鋭利であるが、土などが付着したままの作業では能率が落ちるので適宜竹べらなどで土などを落としながら作業を行う。

安全と注意事項

鋭利な刃先なので切傷には注意する。また、固い地面でガーデンフォークのような使用は柄の付け根部分に無理な力が加わり破損するので避ける。

メンテナンス（手入れ方法）

使用後は、付着した土などをよく洗浄し、油をしみこませた布で拭いて防せいを行う。刃先の磨耗が著しいときは、砥石で刃研ぎを行う。

（4） 鋤

目　的

柄尻がT字形になっている柄の先に鋭利な刃が付いているもので、地面に穴や溝を掘ったり、土をすき取ったり（高い地盤を平たんに）するときに使用する（図2－164）。

特　徴

現在はあまり使用されず代用品としての剣スコップ（24ページ参照）やダブルスコップ（図2－165）が主流である。

図2－164　鋤

使用上のポイント

柄尻Ｔ字の鋤台の肩に足を乗せて踏み込むと，地面に穴や溝を垂直に掘ることができる。

安全と注意事項

鋭利な刃先なので切り傷を負わぬよう注意する。

メンテナンス（手入れ方法）

使用後は，付着した土などをよく洗浄し，油をしみこませた布で拭いて防せいを行う。

刃先の磨耗が著しいときは，砥石で刃研ぎを行う。

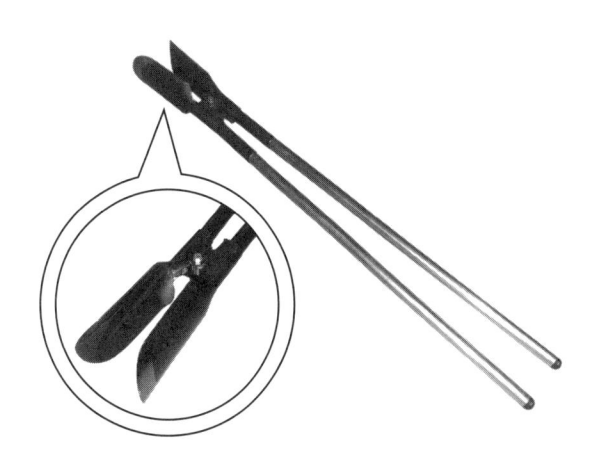

図２－165　ダブルスコップ

（5）鍬（くわ）

図２－166　鍬

図２－167　3本鍬

目　的

木製の長い柄の先端に平たい鉄板状の刃を付けたもので，土の耕作，整地，除草などの作業を行うときに使用するものである。

特　徴

種類は，1本刃と3本刃がある。長い柄が付いており，立ったままの姿勢で作業ができるので作業者の疲労軽減が図れる（図２－168）。

使用上のポイント

土などが付着したままの作業では能率が落ちるので，適宜竹べらなどで付着物を落としながら作業を行う。

図２－168　鍬を使用しての作業

安全と注意事項

鋭利な刃先なので切り傷を負わぬよう注意する。

使用前には，水に浸し柄の緩みを防止する。

メンテナンス（手入れ方法）

使用後は，付着した土などをよく洗浄し，油をしみこませた布で拭いて防せいを行う。

刃先の磨耗が著しいときは，砥石で刃研ぎを行う。

(6) 鎌

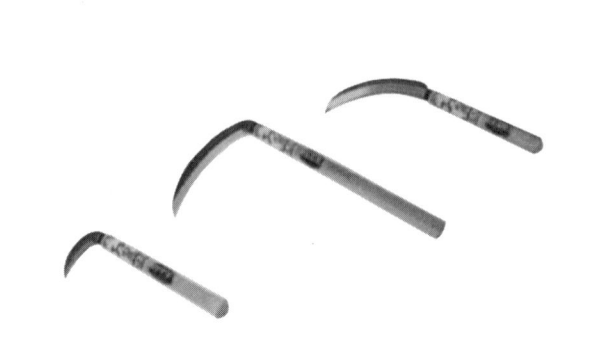

図2－169　鎌

図2－170　鎌を使用しての作業

目　的

木製の柄の先に半月形の刃を付けて，草刈り，草むしりを行うときに使用する。

特　徴

種類は，鋸(のこ)鎌，草刈り鎌，小鎌，立鎌，長柄(ながえ)鎌である。鋸鎌は茎が丈夫な草を刈るときに，草刈り鎌は一般的な雑草を刈り取るときに，小鎌は芝生の中や園路，植え込み地などの小さな雑草を刈り取るときに使用される。また，立ったまま使用できる立鎌は芝刈り用に，長柄鎌は土手などの草刈り用に使用され，いずれも高度な技術が要求される鎌である。

使用上のポイント

鋏のように鋭利な刃先なので，刃こぼれ防止のため，事前に小石，瓦礫(がれき)などの障害物をとり除く。

安全と注意事項

鋭利な刃先なので切り傷を負わぬよう注意する。

メンテナンス（手入れ方法）

使用後は，付着した土などをよく洗浄し，油をしみこませた布で拭いて防せいを行う。

刃先の磨耗が著しいときは，砥石で刃研ぎを行う。

(7) 篩(ふるい)

目　的

用土の粒をふるい分け選別するときに使用する。

特　徴

目の大きさにより用土の粒を容易にふるい分けることができる。また，使用する用土をほぐすことができる。

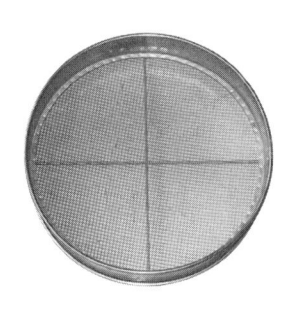

図2－171　篩

図2－172　篩を使用しての作業

[使用上のポイント]

JIS規格には10種類の目の大きさがあるが，1.0，1.5，3.0，4.5，6.0mmの5種類くらいが適している。草花の大小，種類により使い分ける。

大規模工事には，かけ篩が使用され2人一組の作業が効率的である。

[安全と注意事項]

細かい目ほど損傷しやすいので，一度に大量の土を入れるなど無理な使用は避けること。

[メンテナンス（手入れ方法）]

使用後は，付着した土などをよく洗浄し，水切り後，油をしみこませた布で拭いて防せいを行う。

(8) 如雨露（じょうろ）

図2－173　如雨露

図2－174　如雨露を使用しての作業

[目　的]

水を入れた容器から柄状の長い管が突き出ており，その先に小さな穴を沢山あけた口を付け，その口から水を雨滴状に散水する。

[特　徴]

水を散水場所に偏りなく全体にまくことができる。

[使用上のポイント]

種類は，鋼製，ステンレス製，樹脂製などがある。

植え付け後，活着を促進するため満遍なく水が掛かるように作業をする。

安全と注意事項

乱暴な扱いをすると，本体と管の取り付け部分が破損するので注意する。

メンテナンス（手入れ方法）

使用後は，汚れ，塵などを取り除き，特に管の先に取り付ける口の中の塵は必ず取り除くこと。また，水漏れの有無の点検を行う。

鋼製は，洗浄後よく水切りをして乾かす。

第2章　学習のまとめ

造園作業には，多くの手工具・機械工具類が使用される。これらの工具の種類，作業方法と手入れ方法を理解すること。

- 剪定用工具には，木鋏など種々の工具類が使用される。その扱い方にも枝の込み入った箇所，枝の太さ，高い場所の剪定にはどのような鋏が適しているか。また，太い枝を切るときの鋸の選択も重要になるので，作業を通じて習得すること。
- 植栽工具の種類には，土砂を掘削するスコップ，整地，凹凸箇所の削り，地ならしなどの地盤削りに鋤簾などが使用される。いずれも作業中・作業後を問わず，刃の先端に注意し安全を心掛ける。
- 土工地ならし用工具の仕上げ用具として笄板が使用される。この道具は自分で使用しやすいように製作する必要がある。
- 支柱取付け工具には，金槌，ペンチ，突き棒，掛矢などが使用される。特に針金，シュロ縄に関しては，結束方法などを実習を兼ねて理解する必要がある。
- 竹垣工作用工具には，鋸，錐，竹割りなどがある。いずれの工具も刃先を怠りなく手入れしておくと作業時能率的であり，見栄えよく仕上げられる。
- 石工事には，石組，石積みなどの工種があり，この工種に使用される工具には，こやすけ，石頭，ハンマーなどが使用される。いずれの工具も現場に適した扱い方をすること。また，挺子の使用方法にも各種類あるので覚えておく必要がある。
- 運搬用補助具として，ベルトスリング，ワイヤーロープ，チェーン，シャックルなどがある。いずれも正しい扱い方を心掛ける必要がある。
- 仕上げ用工具として種々の鏝がある。この鏝にも市販品のものと，手製のものがあり，工事に適した鏝を選択する。見栄えのよい仕上がりを心掛ける必要がある。
- 清掃用具には，箒類，熊手，箕などがある。清掃は作業の中間又は1日の作業終了後に行うが，諸作業の出来栄えをさらに美しく見せるように心掛ける必要がある。
- 園芸用具の植栽鏝，ガーデンフォーク，草掻きは，柄の付け根が折れ曲がったりする場合があるので，無理な扱い方をしないよう気をつける。鋤，鍬，鎌は，先端刃があり，一時的な仮置きでも危険なので置き方に注意する。

第3章 その他の工具及び機械類

　大規模造園施工では，在来の工具類だけでは作業の合理化，省力化などは望めない。したがって，電動工具，小型機械類，大型建設機械類の利用が年々増加している。これに伴って，造園工事の全般にわたり機械化施工が取り入れられている。その利点として次のものがあげられる。

① 作業の迅速化で，工事期間が短縮できる。
② 単位時間当たりの作業の量を増加させ，工事費の節約を可能にする。
③ 人力の施工では不可能な大規模工事が可能になる。

図3-1　樹木のつり上げ　　　　　　図3-2　樹木の積込み

　しかしその反面，造園工事における機械の使用で次のような欠点もあり，慎重に取り扱わなければならない。

　特に大型建設機械の導入は，植物などに思わぬ弊害を与える場合もあるので，在来の工法を適度に取り入れ，工事の成果をあげるべきである。

① 大型建設機械の踏圧で起きる排水処理槽の配管の損壊や地下帯水層への影響
② クレーンの移動時に周囲に与える損傷
③ 機械施工による地盤の凹凸の変化

第1節　電動工具

1.1　電動工具の種類

(1)　電気ドリル

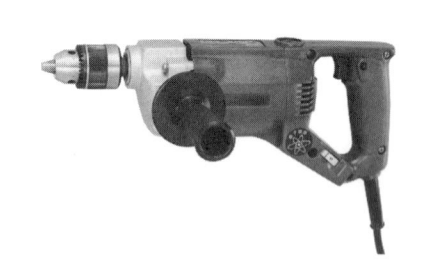

図3-3　電気ドリル

図3-4　ハンマドリルを使用しての作業

[目　的]

電動モーターでドリルを回転させ、木、鉄、コンクリートなどに必要に応じた穴をあける。

[特　徴]

鑿（のみ）や鶴嘴（つるはし）などに代わり、作業時間の短縮及び作業者の疲労軽減が図れる。

[使用上のポイント]

コンクリートの穴あけ用にはハンマドリル、竹垣の親柱などの穴あけ用には電気ドリル、胴縁などの固定用にはハンドドリル（充電タイプ）が多用されている。

[安全と注意事項]

使用前に、電源プラグとコンセントの接続部を完全に装着し、二重絶縁構造以外のものはアースを取り付ける。ドリル取付け部のチャックは確実に締め付ける。不調時の点検又は使用しないときは、手元スイッチはもちろん電源プラグも抜くように習慣化する。

[メンテナンス（手入れ方法）]

使用後は、振動により安全カバーやドリル取付け部などに緩みが生じるので締め付けを行う。清掃及び回転部への注油を行う。充電タイプは定期的に充電する。

(2)　グラインダ（研磨機）

[目　的]

モータで円形の砥石を回転させ刃物を研ぐ。湿式の場合は、砥石台の上の水タンクの水を垂らしながら砥石をぬらし刃物を研ぐ。

図3-5　電動研磨機　　　　　図3-6　電気グラインダを使用しての作業

[特　　徴]
従来の砥石で研磨するよりも作業時間の短縮及び作業者の疲労軽減が図れる。

[使用上のポイント]
湿式タイプのほか，金剛砥(こんごうと)を装備した乾式タイプがある。スコップ，鋤簾(じょれん)，鶴嘴(つるはし)，こやすけ，鏨(たがね)などを研ぐのに便利である。

[安全と注意事項]
電動式で高速回転するため事故が多いので，着衣が回転部に巻き込まれないような服装と，防塵めがねを装着するよう習慣化する。回転砥石の割れには十分留意する。湿式タイプは，水にぬらしながら作業を行わないと，刃の焼けを起こすので注意する。

[メンテナンス（手入れ方法）]
使用後は，砥石の粉塵の洗浄や割れの有無の確認，締付け部の緩みの有無の確認をし，不具合があれば交換及び締め付けを行う。

(3) 電　気　鋸

図3-7　電気鋸　　　　　図3-8　電気鋸を使用しての作業

[目　　的]
電動モータで円盤形の刃を高速回転させ，木材，コンパネなどを切断加工する。

[特　　徴]
手引き鋸よりも切り曲がりがなく，切断時間の短縮及び作業者の疲労軽減が図れる。

使用上のポイント

使用時に，切断する木材などや作業者自身の体勢の安定を図る。チップソー刃を使用すると無理のない切断が可能となる。

安全と注意事項

使用前に，電源プラグとコンセントの接続部を完全に装着し，二重絶縁構造以外のものはアースを取り付ける。刃の交換を行った場合は，試し運転を行い刃の固定を確認する。

使用中は，回転刃に着衣が巻き込まれないような服装と電源コードが足に絡まないよう注意する。また，安全カバーは絶対に外してはならない。不調時の点検又は使用しないときは，手元スイッチはもちろん電源プラグも抜くように習慣化する。

メンテナンス（手入れ方法）

使用後は，振動により安全カバーや刃の取付け部などに緩みが生じるので締め付けを行う。清掃及び回転部への注油を行う。

（4） 石切りカッタ

図3−9　電動注水式石切りカッタ　　　図3−10　電動乾式石切りカッタを使用しての作業

目的

電動モータで円盤形の人工ダイヤ付きダイヤモンドホイールを高速回転させ，石材などを切断加工する。

特徴

鏨(たがね)を使用するよりも切断時間の短縮及び作業者の疲労軽減が図れる。

使用上のポイント

種類は，注水式と乾式の2タイプがあり，使用時に，切断する石材などや作業者自身の体勢の安定を図る。現場では，敷石や張石などの合端合わせに使用する。なお，切断面が直線なので自然風に見せるためにびしゃんで切断面をたたくことがある。

安全と注意事項

使用前に，電源プラグとコンセントの接続部を完全に装着し，二重絶縁構造以外のものはアースを取り付ける。刃の交換を行った場合は，試し運転を行い刃の固定を確認する。

使用中は，回転刃に着衣が巻き込まれないような服装と電源コードが足に絡まないよう注

意する。また，安全カバーは絶対に外してはならない。粉塵が発生するので防塵めがねと防塵マスクを着用する。不調時の点検又は使用しないときは，手元スイッチはもちろん電源プラグも抜くように習慣化する。

メンテナンス（手入れ方法）

注水式タイプの使用後は，切り粉や泥を洗浄する。乾式タイプは付着した切り粉を拭き取る。また，振動により安全カバーや刃の取付け部などに緩みが生じるので締め付けを行う。回転部への注油を行う。

第2節　小型機械類

2.1　小型機械の種類

(1)　ヘッジトリマ（電動・エンジンバリカン）

図3−11　ヘッジトリマ　　　　図3−12　ヘッジトリマを使用しての作業

目　的

手刈り用刈込鋏に代わるもので，広範囲の面積の作業時に使用される。

特　徴

上下の刃がスライドすることにより，手刈り作業に比べ作業時間の短縮及び作業者の疲労軽減が図れる。

使用上のポイント

動力種類により使い勝手が次のようになっている。

① エンジン式は，切断力が強く高効率であるが，エンジン音が大きく周りへの配慮が必要であったり，機体重量が重く作業難度が高い。

② 電動式は，作業音が低く機体重量が軽いが，切断力はエンジン式に比べると弱く，電源コードにより作業範囲が制約される。

③ 充電式は，作業音が低く機体重量が軽いが，切断力はエンジン式に比べると弱く，充電池の性能により作業時間が制約される。

114　造園用手工具・機械及び作業法

[安全と注意事項]

　切り刃に着衣が巻き込まれないような服装と切断した枝が飛んでくることがあるので保護めがねを着用する。電動式は，作業中に電源コードを切断したり，足に絡ませたりしないように注意する。エンジン式は，エンジンの過熱による火傷に注意する。不調時の点検又は使用しないときは，手元スイッチはもちろん元スイッチも切るように習慣化する。

[メンテナンス（手入れ方法）]

　使用後は，切り刃面などに付着した樹脂などの汚れを取り，油をしみこませた布で拭いて防せいを行う。エンジンや電動各部の定期点検を行う。

（2）　芝刈り機

図3-13　芝刈り機　　　　　　図3-14　リール式芝刈り機を使用しての作業

[目　的]

　手刈り用芝刈込鋏に代わるもので，広範囲な面積の作業時に使用される。

[特　徴]

　手刈り作業に比べ作業時間の短縮及び作業者の疲労軽減が図れると同時に仕上がりが均一となる。

[使用上のポイント]

　種類は，リール式，ロータリー式，エアクッション式がある。

　リール式は，固定刃とリール刃をすり合わせるタイプで柔らかい西洋芝に適しており手押しタイプが主流である。ロータリー式は，ロータリー刃を高速回転させるタイプで長めの芝に適しており，自走式が主流である。エアクッション式は，空気の力で刈り機自体を浮上させるタイプで傾斜地での作業に適している。

[安全と注意事項]

　それぞれのタイプとも，十分な取扱い方法を熟知してから使用する。特に自走式の場合は，作業場所の地形や異物の確認を行い機体の転倒や回転刃の破損に注意する。

[メンテナンス（手入れ方法）]

　使用後は，それぞれのタイプの回転刃面などに付着した汚れを取り，油をしみこませた布で拭いて防せいを行う。エンジンの定期点検を行う。

(a) 自走式ロータリー式芝刈り機

(b) ロータリー式芝刈り機を使用しての作業

図3-15 ロータリー式芝刈り機

(3) 草刈り機

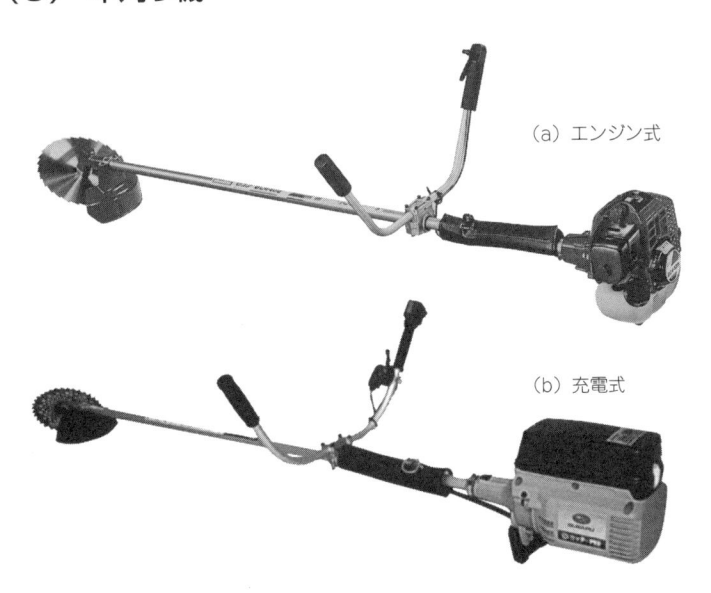

(a) エンジン式

(b) 充電式

図3-16 草刈り機

図3-17 各種の回転刃

[目　的]

雑草を刈り取る機械で，動力で円盤形のチップソー刃や4・8枚刃などを高速回転させて刈り取り作業を行う。

[特　徴]

手刈り作業に比べ作業時間の短縮及び作業者の疲労軽減が図れる。

図3-18 草刈り機を使用しての作業

使用上のポイント

動力の種類により使い勝手が次のようになっている。

① エンジン式は，切断力が強く高効率であるが，エンジン音が大きく周りへの配慮が必要であったり，機体重量が重く作業難度が高い。

② 電動式は，作業音が低く機体重量が軽いが，切断力はエンジン式に比べると弱く電源コードにより作業範囲が制約される。

③ 充電式は，作業音が低く機体重量が軽いが，切断力はエンジン式に比べると弱く充電池の性能により作業時間が制約される。

比較的大規模現場では，ロータリー式（芝刈り機参照）草刈り機を使用しており，中小規模現場では，肩掛け又は背負い式草刈り機を使用している。

回転刃の主流は円盤形のチップソー刃や4・8枚刃であるが，樹木やブロック塀などの地際や小石の多い場所などではナイロンコードカッターと呼ばれるものを使用している。これは，15cm前後のナイロンコードを高速回転させて草を刈るもので，切断効率を上げるためナイロンコードの断面が丸型だけではなく四角型，五角型，星型やそれをねじったタイプなどさまざまなものがある。

欠点は，堅い草には不向きなことである。

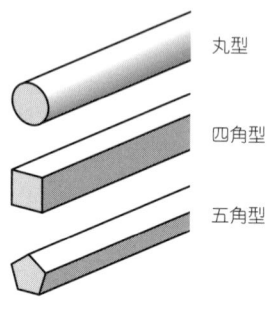

(a) スタンダードタイプ
　丸型
　四角型
　五角型

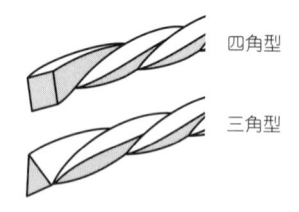

(b) ツイストコードタイプ
　四角型
　三角型

(c) メガツイストタイプ
　四角型

図3－19 ナイロンコード

安全と注意事項

肩掛け又は背負い式草刈り機の使用時は，小石などの飛散物があるので保護帽，すね当て，フェイスシールドを着用する。また，エンジン式は振動や騒音が発生するので，防振手袋や耳栓を着用する。電動式は電源コードが足に絡まないように注意する。なお，機体の飛散防止カバーは絶対に外してはならない。

作業箇所にはカラーコーンなどで立ち入り禁止措置を行い，作業者間の距離，作業時間などは関係法令に従う。また，第三者や自動車などに対しての飛散物防止対策を行うことも重要である。不調時の点検又は使用しないときは，手元スイッチはもちろん元スイッチも切るように習慣化する。

メンテナンス（手入れ方法）

使用後は，回転刃に付着した汚れをよく取り除き，油をしみこませた布で拭いて防せいを行う。エンジンや電動各部の定期点検を行う。

（4） ブロワー（集じん機）

[目　的]

動力で空気を吐出又は吸引して落ち葉や剪定枝葉を集める清掃作業時に使用する機械である。

[特　徴]

広範囲な面積での作業時間の短縮や，道具や手が入らない場所での作業効率の向上を図る。

[使用上のポイント]

動力の種類としてエンジン式と電動式があり，吐出機能と吸引機能を兼ね備えているので，作業内容や現場状況に応じて使い分ける。

図3-20　ブロワー

[安全と注意事項]

エンジン式は，エンジンの過熱による火傷に注意する。電動式は，作業中に電源コードが足に絡まないように注意する。

吐出機能を使用するときは，第三者や自動車などに対しての飛散物防止対策を行うことも重要である。不調時の点検又は使用しないときは，手元スイッチはもちろん元スイッチも切るように習慣化する。

[メンテナンス（手入れ方法）]

集塵袋の内側の粉塵はこまめに取り除く。エンジンや電動各部の定期点検を行う。

（5） 噴霧器

図3-21　噴霧機　　　　　図3-22　動力噴霧機による害虫駆除作業

[目　的]

殺虫剤，殺菌剤，生育調整剤などを散布するための機械である。

[特　徴]

適量の薬剤が満遍なく樹木などに散布できる。

[使用上のポイント]

種類により使い勝手が次のようになっている。

① 手動式は，薬剤散布規模が小さい場合に使用する。

② エンジン式は，薬剤散布規模が大きく作業の高効率を求める場合に使用するが，エンジン音が大きく周りへの配慮が必要であったり，機体重量が重く作業難度が高い。

③ 電動式は，作動モータ音が小さいため周りへの配慮が必要なく機体重量も軽いが，電源コードにより作業範囲が制約される。

④ 充電式は，作業モータ音が小さいため周りへの配慮が必要なく機体重量も軽いが，充電池の性能により作業時間が制約される。

薬剤散布ノズル（墳口）は，一頭口，二頭口，多頭口などの種類があり，薬剤散布規模が小さい場合は一頭口，大きい場合は多頭口など散布規模で使い分ける。

安全と注意事項

使用時は，作業者は風上に立ち薬害防止のため保護めがね，保護マスク，ゴム手袋などを着用し，第三者や自動車などに対しての飛散防止対策を行うことも重要である。

エンジン式は，エンジンの過熱による火傷に注意する。

メンテナンス（手入れ方法）

使用後は，機体内の残留薬剤をよく洗浄し，エンジンや電動各部の定期点検を行う。

（6）ガーデンシュレッダー（粉砕機）

目　的

エンジンで粉砕用カッタを回転させて，剪定枝葉などを細かく粉砕する機械である。

特　徴

従来は産業廃棄物として捨てていた剪定枝葉や刈り取った雑草などを，細かく粉砕することにより腐葉土や枝チップとして歩道の敷き詰めものに利用できる。

図3－23　ガーデンシュレッダー

使用上のポイント

粉砕する剪定枝葉の大きさにより，中型粉砕機と大型粉砕機を使い分ける。

粉砕機の処理能力を上回る量の剪定枝葉を投入すると過大稼働となり故障の原因となるので注意する。

安全と注意事項

使用時は，剪定枝葉が粉砕される際に飛んでくることがあるので保護めがねを着用する。

剪定枝葉などを投入するときに手を必要以上に奥まで入れないよう注意する。

メンテナンス（手入れ方法）

使用後は，付着した汚れをよく取り除き，粉砕用カッタの磨耗やエンジン各部の点検をして必要に応じて交換及び清掃，注油する。

（7） チェーンソー（動力鋸）

図3-24 チェーンソー

図3-25 チェーンソー使用の立木伐採作業

目　的

　ガイドバーの溝に沿って鎖状に連結したソーチェーンを，動力にて高速回転させることにより樹木などの伐採や丸太の切断などに使用する機械である。

特　徴

　手挽き鋸に代わり作業時間の短縮及び作業者の疲労軽減が図れる。

使用上のポイント

　動力の種類により使い勝手が次のようになっている。

① エンジン式は，切断力が強く高効率であるが，エンジン音が大きく周りへの配慮が必要であったり，機体重量が重く作業難度が高い。

② 電動式は，作業音が低く機体重量が軽いが，切断力はエンジン式に比べると弱く電源コードにより作業範囲が制約される。

③ 充電式は，作業音が低く機体重量が軽いが，切断力はエンジン式に比べると弱く充電池の性能により作業時間が制約される。

安全と注意事項

　使用時は，木っ端が飛んでくることがあるので保護めがねを着用する。機体を下方に下ろしたときにソーチェーンに着衣が巻き込まれないような服装をする。エンジン式は，振動や騒音が発生するので，防振手袋や耳栓を着用する。電動式は，電源コードを切断したり，足に絡ませたりしないように注意する。

　切断前に，回転数を上げて白い紙などにガイドバーを近づけチェーンオイルの供給状態を確認する。チェーンオイルの供給なしの状態で使用するとソーチェーンの焼き付きを起こす。

　切断時は，キックバック防止のためガイドバーの先端から切り込まないこと。

　作業時間などは関係法令に従って作業を行う。

労働安全衛生法による就業制限
　チェーンソーを用いて行う立木の伐木，かかり木の処理又は造材の業務（特別教育修了の有資格者）
①標準装備のものであること。②ソーチェーンは，十分に目立てされていること。③燃料及び潤滑油の量は，タンクの容量の4分の3以上であること。④気化器及び点火栓は，適切に調整されていること。⑤十分にならし運転されたものであること。

120　造園用手工具・機械及び作業法

> メンテナンス（手入れ方法）

使用後は，付着した汚れをよく取り除き，ソーチェーンの刃の磨耗やエンジン各部の点検をして必要に応じて目立てし，清掃，注油する。

第3節　大型建設機械類

大型建設機械類の造園施工における使用は，大規模な造成工事，重量物の解体運搬，据付け工事，大形樹木の掘取り・運搬・植付け・剪定工事などである。

大型建設機械類で，大量の土砂を効率的に採取，輸送し埋め立てを行うには，それぞれの工程における現場の条件，環境保護条件，工事公害の防止，施工コスト面などあらゆる要因を考慮して最適な工法を決定することが必要である。

なお，造園施工における機械使用はさまざまな欠点もあり，慎重に取り行わなければならない。

3.1　整地・運搬・積込み用機械の種類

（1）トラクタドーザ

> 目　的

車体の前面にブレード（排土板）を取り付け，押上げ作業・掘削作業などあらゆる用途に応じ得る機械である（図3-26）。

> 特　徴　　使用上のポイント

土砂の押上げ作業，軟岩の掘削及び短距離運搬

図3-26　トラクタドーザ

労働安全衛生法による就業制限

＜トラクタドーザ＞
 ・機体重量3t以上は，車両系建設機械（整地・運搬・積込み用及び掘削用）……運転技能講習修了者
 ・機体重量3t未満は，小型車両系建設機械（整地・運搬・積込み用及び掘削用）……特別教育修了者

＜ローダ＞
 ・機体重量3t以上は，車両系建設機械（整地・運搬・積込み用及び掘削用）……運転技能講習修了者
 ・機体重量3t未満は，小型車両系建設機械（整地・運搬・積込み用及び掘削用）……特別教育修了者

＜クレーン＞
 ・つり上げ荷重5t以上は……クレーン運転士免許取得者
 ・つり上げ荷重1t以上5t未満は……小型移動式クレーン運転技能講習修了者

＜不整地運搬車＞
 ・最大積載量1t以上は……不整地運搬車運転技能講習修了者
 ・最大積載量1t未満は……不整地運搬車運転特別教育修了者

＜高所作業車＞
 ・作業床の高さ10m以上は……高所作業車運転技能講習修了者
 ・作業床の高さ2m以上10m未満は……高所作業車運転特別教育修了者

＜油圧ショベル＞
 ・機体重量3t以上は，車両系建設機械（整地・運搬・積込み用及び掘削用）……運転技能講習修了者
 ・機体重量3t未満は，小型車両系建設機械（整地・運搬・積込み用及び掘削用）……特別教育修了者

（100m以下）の目的のほか，表土はぎ，切土，盛土などの整地作業，伐開，トラクタとして木材などの牽引作業にも使用される。

造園施工では，運動公園などの大規模な造成や整地，砂利，砕石などのならし作業に使用される。

また，後部にリッパ（爪）を取り付けた機種もある。

[安全と注意事項]

トラクタドーザは，建設機械の中でも比較的労働災害が多い機械である。運転に当たっては周辺作業員との接触，傾斜地における逸走防止などにも注意する。

[メンテナンス（手入れ方法）]

トラクタドーザの稼働時間，燃料消費量，オイル消費量などを記録する。また，各部の点検整備も定期的に行う。

(2) クローラ式ローダ

[目　的]

クローラ式ローダは，トラクタドーザをベースとして発達したもので，ブレードの代わりに油圧操作によるバケットを取り付けた機械である（図3－27）。

[特　徴]

一般に土砂，岩石などの積込み用として，また軽度な掘削作業も可能で建設工事に広く使用されている。運搬距離は50～70m，ときには100m以上の運搬作業も実施されている。

図3－27 クローラ式ローダ

[使用上のポイント]

作業内容に応じて車速が得られるほか，旋回時には左右の履帯に速度差を持たせて両方の履帯に動力を伝えながらの旋回と，片方の履帯を逆転させることによりその場で旋回ができる。

このような性能を生かした造園施工では，大小規模の各作業，特に切土，盛土作業や運搬車への残土積み込みなどに広く使用されている。

[安全と注意事項]

バケット容量，安全装置，騒音レベルなどを考慮し機種を選定する。また取扱い上の安全基準及び構造規格が定められているので遵守する。

[メンテナンス（手入れ方法）]

クローラ式ローダの稼働時間，燃料消費量，オイル消費量などを記録する。また，各部の点検整備も定期的に行う。

（3） ホイール式ローダ

[目　的]

ホイール式ローダは，農業用トラクタやフォークリフトから派生したものと，建設用トラクタとして設計されたものに大別される。

[特　徴]

土砂の掘削，岩石などの積込み用として建設工事に広く使用されている。走行速度が速く，機動性に富み，小回りがきくなどの特徴がある。運搬距離は50〜70m，ときには100mを超す作業も実施されている。

図3-28　ホイール式ローダ

[使用上のポイント]

掘削力はクローラ式ローダに比べて劣るが，車輪（タイヤ）で走行するため舗装道路上も走行して目的地に移動することができる。

ホイール式ローダの小型機械は，造園施工でも土砂の掘削や小運搬に使用されている。

[安全と注意事項]

走行路面のメンテナンス，積荷荷姿の適正化に留意し，適正なタイヤの選択をする。取扱い上の安全基準及び構造規格が定められているので遵守する。

[メンテナンス（手入れ方法）]

ホイール式ローダの稼働時間，燃料消費量，オイル消費量などを記録する。タイヤ空気圧の点検調整，外傷のチェックを行う。また，各部の点検整備も定期的に行う。

（4） ホイールクレーン

図3-29　ホイールクレーン 　　　　図3-30　ホイールクレーンによる樹木建込み作業

[目　的]

ホイールクレーンは，動力を用いて荷をつり上げ，これを水平に運搬することを目的とした機械である（図3-29）。

[特　徴]

　ホイールクレーンは，機械式では直接操作する機種が生産されているが，最近では油圧による間接操作が主流になりつつある。

　巻上げ機には主巻，補巻をそれぞれ単独の油圧モータで駆動する機構を採用し，作業性の向上を図っている。

　原動機はディーゼルエンジンであるが，油圧ポンプにより発生する油圧力によりブームの伸縮・起伏・巻上げ・巻下げ・旋回などの作動を行う。

[使用上のポイント]

　クレーン装置をトラックなどの走行体上に装備し，重量物の荷役，高揚程のほか，広い作業半径にわたる荷役作業に使用される。

　造園施工では重量物（庭石及び庭園添景物，大形樹木など）の積込み，積降し，据付けなど全般的な作業範囲にも広く使用されている。

[安全と注意事項]

　作業中は，定格荷重を守り，モーメントリミッタや巻過ぎ防止を有効に作動させる。また，アウトリガーを最大の位置まで張り出したり，つり荷の下やクレーンの作業半径内には立ち入らない。

[メンテナンス（手入れ方法）]

　ホイールクレーンの稼働時間，燃料消費量，オイル消費量の記録，タイヤ空気圧の点検調整，外傷のチェックを行う。また，各部の点検整備，性能検査も定期的に行う。

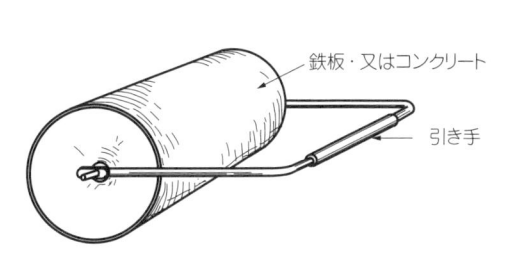

(5) ローラ

図3-31　人力式ローラ　　　　　図3-32　動力式ローラ

[目　的]

　ローラは，アスファルト舗装や土の仕上げ締め固めの整地用機械である。

[特　徴]

　ローラには，人力式と動力式がある。人力式（図3-31）は主に芝生張付けの転圧やテニスコート面などの転圧用で，動力式（図3-32）のうち小型のものは，ダスト，簡易舗装が主な使用範囲である。

> 使用上のポイント

　小型の動力式ローラの車輪は，金属製円筒型平滑で，前後1輪でできているのが一般的で，現場に応じた機種を選択する必要がある。

> 安全と注意事項

　動力式ローラで砂利事業の突き固めを過度に行うと，層厚が薄い場合は床付け地盤を破壊し，突き固めが逆効果となるときがあるので，目的に適合した作業を行う。

> メンテナンス（手入れ方法）

　動力式ローラの稼働時間，燃料消費量，オイルの消費量などを記録する。また，各部の点検も定期的に行う。

（6）不整地運搬車

> 目　　的

　不整地運搬車は，軟弱地盤や凹凸の著しい不整地の作業場へ，ダンプトラックやトラックで土砂や建設機材を搬入できないときに使用される機械である（図3-33）。

> 特　　徴

　不整地運搬車の走行方式には，ゴムクローラ式，鉄製クローラ式，多軸のタイヤ式がある。動力伝達方式には，ダイレクトドライブ式，油圧式がある。原動機はディーゼルエンジンが主で，車体前方に運転席，後方にダンプできるベッセルを有している。

図3-33　不整地運搬車

> 使用上のポイント

　河川改修，林道造成，造園造成などの機材運搬用である。特に軟弱地盤での土砂などの運搬にはクローラ式不整地運搬車が使用される。

> 安全と注意事項

　最大積載量，走行方式，登坂能力，旋回半径などを考慮する。また，狭小な場所，急こう配箇所の走行時は，転落，転倒，荷崩れなどの防止に注意する。

> メンテナンス（手入れ方法）

　不整地運搬車の稼働時間，燃料消費量，オイル消費量の記録，ゴムクローラの点検整備，外傷のチェックを行う。また，各部の点検整備，性能検査も定期的に行う。

（7）高所作業車

> 目　　的

　高所作業車は，作業台（床）を上下に昇降できる機能を有し，高所作業の足場として使用する機械である（図3-34）。

図3-34　高所作業車　　　　　図3-35　高所作業車を使用しての作業

特　徴

　高所作業車の種類には，垂直昇降型と伸縮ブーム型がある。

　垂直昇降型は，作業床とこれを昇降させる油圧式支持機構及び台車から構成されている。支持機構としてはシザース型とX型アーム式がある。台車にはホイール式，クローラ式，トラック式のものがあり，ホイール式，クローラ式のものは昇降はもちろん走行の操作も作業台でできる。作業床の高さは6～20m，積載荷重は200～1000kgのものが多い。原動機はディーゼルエンジンを使用している。

使用上のポイント

　伸縮ブーム型は，作業台の支持機構が油圧伸縮ブームとなっており，ブームの型式により伸縮型のものと，屈折型のものがある。台車はトラックシャーシにアウトリガー付きのものが一般的であるが，ホイール式，クローラ式のものもあり，作業床より直接走行の操作もできる。作業床の高さは40mに及ぶものもある。一般的に積載荷重は250kg程度までである。

　高所作業車を使用しての造園施工では，主に大形樹木の剪定作業に使用される。

安全と注意事項

　作業の種類に適した型式，安全装置などを考慮し機種を選定する。また，高所からの落下の危険があるので，安全帯と保護帽を装着し上下作業者の合図も的確に行う。特に街路樹の剪定作業などでは電線への接触による感電事故が起こらないよう注意する。

メンテナンス（手入れ方法）

　高所作業車の稼働時間，燃料消費量，オイル消費量の記録，タイヤ空気圧の点検調整・外傷のチェックを行う。また，各部の点検整備，性能検査も定期的に行う。

126　造園用手工具・機械及び作業法

3.2　掘削用機械の種類

（1）油圧ショベル（クローラ式）

図3－36　油圧ショベル（クローラ式）　　**図3－37**　油圧ショベルによる土砂積込み作業

目　的

　油圧ショベル（クローラ式）は，ディーゼルエンジンで駆動される油圧ポンプによって発生する油圧力により，ブーム，アームバケットなどの作業機及び走行まで全ての作動を行い，バケットにより土砂を掘削，積込みをする機械である（図3－36）。

特　徴

　油圧ショベル（クローラ式）はバックホウともいわれ，バケットを組み替えることによりさまざまな作業を行える。例えばバックホウバケットは，一般に掘削用で最も多用され，次のように使用される。

①　梯形（台形）バケット：V形断面の溝の掘削
②　法面バケット：盛土斜面又は堤防斜面の成形及び締固め作業
③　リッパバケット：硬土質及び抜根を伴う掘削作業

　走行装置は鋼製のクローラが主流であるが，小型のものにはゴムクローラが多用されている。バケットの容量は10m³クラスが最大であるが，一般的な工事では0.3～0.7m³クラスの機械が多用されている。

使用上のポイント

　油圧ショベルは，地山の掘削，溝掘削，積込み，法面整形，床掘削，整地などの作業に使用される。造園施工では，大形樹木の掘取り，植付け時の穴掘り用，石積みなどの基礎床掘り用に使用される。

安全と注意事項

　油圧ショベル（クローラ式）は，バケット容量，騒音レベル，安全装置などを考慮し機種を選定する。稼働時は，機械の作業半径内は危険なので立ち入らないこと。急こう配箇所の走行時は，転落，転倒に注意する。また，取扱い上の安全基準及び構造規格が定められてい

るので遵守する。

メンテナンス（手入れ方法）

油圧ショベル（クローラ式）の稼働時間，燃料消費量，オイル消費量などを記録する。また，各部の点検整備も定期的に行う。

（2） 油圧ショベル（ホイール式）

目　　的

油圧ショベル（ホイール式）は，クローラ式油圧ショベルの走行装置がホイール式となっており，走行とショベルの運転を同一運転席で行う方式のもので，バケットにより土砂を掘削，積込みをする機動性に富んだ機械である（図3－38）。

図3－38　油圧ショベル（ホイール式）

特　　徴

油圧ショベル（ホイール式）は，主に上・下水道，道路工事，造園工事など特殊性を持った都市土木に使用され，レンタル化の傾向の強い機械である。

特徴は，クローラ式に比べタイヤがトラックと同様であるので道路上も自走できる。また，高速で走行でき居住性もよい。一般工事では0.4m³クラスの機械が多用されている。

使用上のポイント

造園施工では，広い公園での大形樹木の補植穴掘り，発生残土などの積込み作業など，また，地盤の軟弱な場所でも容易に作業が行える。

安全と注意事項

油圧ショベル（ホイール式）は，バケット容量，騒音レベル，安全装置などを考慮し機種を選定する。稼働時は，機械の作業半径内は危険なので立ち入らない。急こう配箇所の走行時は，転落，転倒に注意する。また，取扱い上の安全基準及び構造規格が定められているので遵守する。

メンテナンス（手入れ方法）

油圧ショベル（ホイール式）の稼働時間，燃料消費量，オイル消費量などを記録する。また，各部の点検整備も定期的に行う。

第3章 学習のまとめ

　在来の工具類だけでは作業の迅速さや工事期間の短縮は図れないので，電動工具，小型機械類，大型建設機械類の利用が年々増加してきている。しかし，これらの機械類の利用は長所だけでなく短所もあるということを踏まえて慎重に取り扱う必要がある。特に大型建設機械での作業は踏圧により植物などに思わぬ弊害を与える場合があることに留意する。

- 電動工具類は，高速で回転するので衣服の巻き込まれなどに注意する必要がある。また，修理・補修は手元スイッチはもちろんのこと，元スイッチを切ってから行うよう心掛ける。
- 造園工事に使用される小型機械類には，手動式，電動式の種類がある。工種に合った機械を選択し，安全に心掛ける。また，殺虫剤散布用には噴霧機が使用されるが，散布中には保護具を着用し，風上に立ち作業を行うよう心掛ける。
- 大規模な造成工事，重量物の解体・運搬などには大型建設機械類が使用される。これらの機械を操作するには就業制限があるので遵守すること。また，機会を設けて法定資格の取得に心掛けることも必要である。
- トラクタドーザは，表土はぎ，切土，盛土などの整地作業に使用される。
- 不整地運搬車は，軟弱地盤での土砂などの運搬作業に多用される機械であることを理解すること。
- 高所作業車は，高所での樹木剪定作業やその他の高所作業が可能であるが，街路樹の剪定作業などでは感電事故，落下事故などの安全面に留意するよう心掛ける。

索　　引

あ

アームバケット	126
合端合せ	61
アウトリガー	123
アサリ	45
アサリ出し	20, 45
畦引き鋸	44
厚割れ	53
綾掛け	35, 41, 85
アルミ製脚立	21
アルミ製二連伸縮梯子	20
安全帯	4
生垣	15
石切りカッタ	112
石畳工事	61
石の合端	93
移植鏝	102
一段越し	17, 21, 22
一輪車	69
一頭口	118
芋継ぎ	88
ウインチ	82
植木鋏	11
受け刃	12, 13
裏刃	25
裏目	59
裏目盛	59
裏割り	53
柄頭	48
枝挽鋸	23
枝透かし	14
枝葉張り	59
X型アーム式	125
円匙	25
追入れ鑿	48
追い梃子法	65
押縁	44
押縁竹	53
オニガミ	74, 76
斧	56
表刃	25
表目盛	59
表割り	53
折り込み鋸	19

か

ガーデンシュレッダー	118
ガーデンフォーク	103
ガイロープ	73
替え刃式鋸	19
かかり木	119
夏期剪定	14
神楽桟	82
筧	44
掛矢	36
風除用支柱	24
鍛冶屋	45
過積載運搬	69
過大稼働	118
堅木	28, 36, 86
型枠支保工	46
花壇	27, 101
滑車	70
カツブシ	85
かなじめ	64
金梃子	66
金槌	34
株物	30
鎌	11, 106
刈り込み鋏	11, 15
軽子	57
間接操作	123
機械工法	1, 2, 66
木杭	56
木殺し	45
木鏝	96
木槌	28
木梃子	64
木鋏	11
気泡管	56
基本使用荷重	89
逆だこ	29
脚立	11, 21
居住性	127
錐	46
切石敷き	61
切り刃	12, 13
キリンジャッキ	72
くさび	28, 62, 63
草掻き	104

草刈り機	115
櫛型鋸	19
崩れ積み	60
熊手	11, 99
組子	48
グラインダ	110
グリップ式高枝剪定鋏	14
繰り針	59
クローラ式ローダ	121
鍬	105
景石	102
景石組み	60
軽剪定	14
ＫＹ（危険予知）活動	3
蹴込み	34
牽引能力	71
玄翁	45
笄板	30
硬質	19
高所作業	2, 5
高所作業車	11, 124
工程管理	97
鏝板	94
骨格剪定	14
5枚びしゃん	63
こやすけ	61
こやすけ払い	61
ころ	86
コンクリート下地	92
コンクリートの粗打ち	96

さ

在来工法	1, 2, 66
作業台	125
作業服	3
差し金	59
差し込み丸太	20
砂紋	27
三又	76
自家製脚立	21
地鏝	29
シザース型	125
鹿おどし	44
ＪＩＳ規格	107
支点	65
鎬	49, 56

索引		
鎬鑿 … 48	竹割り … 49	トピアリー … 15
芝刈り機 … 114	たこ … 28	飛石 … 30
シブい（く）… 19, 45	立子 … 44	トラクタドーザ … 120
締め鏝 … 29	立子竹 … 28, 60	トラックシャーシ … 125
シャックル … 91	縦挽き … 19	ドラム … 82
遮蔽垣 … 42	多頭口 … 118	
10枚びしゃん … 63	ダブり掛け … 71	**な**
樹形 … 16	玉石積み … 60	
樹芯 … 14	玉石矢羽積み … 60	ナイロンコード … 116
樹木の枝打ち … 56	玉散らし … 15	長柄鋸 … 19
シュレッダー … 11	玉縁竹 … 53	長柄鎌 … 106
如雨露 … 107	玉もの … 15	中塗り鏝 … 94
鋤簾 … 26	断根法 … 25	鉈 … 56
城積み … 61	鍛接 … 90	軟質 … 19
垂直方向 … 72	炭素鋼 … 62	二脚鳥居の横木 … 45
水平地面 … 21	地下帯水槽 … 109	二頭口 … 118
末口 … 53	池泉工事 … 28	二又 … 72
透かし垣 … 42	地被類 … 30	庭の添景物 … 57
鋤 … 104	中・高木樹木の建て込み … 23	抜き枝 … 14
スコップ … 24	チェーン … 90	布掛け … 21
スナッチ … 71	チェーンソー … 119	猫, 猫車 … 69
素縄巻き … 85	チェーンブロック … 80	ねずみ歯錐 … 47
墨池（墨穴）… 57	手水鉢 … 57, 94	根挽鋸 … 23
墨刺 … 58	直接操作 … 123	根巻き … 28
墨壺 … 57	直線の墨付け … 57	鋸 … 43
墨綿 … 57	チルホール … 71	野面石積み … 60
生育調整剤 … 117	突き棒 … 36	延段 … 30
積載荷重 … 125	蹲踞 … 94	鑿 … 48
石頭 … 61	土極め … 36	
せび … 71	壺糸 … 57	**は**
セリヤ … 62, 63	坪錐 … 46	
剪定鋸 … 11, 19	剣型鋸 … 19	バール … 45
剪定鋏 … 11, 12	鶴嘴 … 26	刃掛け … 20
側面塗り … 95	庭園添景物 … 66	履物 … 3
袖垣 … 57	定滑車 … 70	歯口 … 88
そり … 69	T字型支え棒 … 20	梯子 … 11, 20
	鉄輪 … 64	八の字掛け … 75, 78
た	手袋 … 3	8枚びしゃん … 63
	手箒 … 11, 98	はつり … 62
台車 … 67	デリック形 … 5	鼻丸型 … 19
台付きワイヤーロープ … 72	電気ドリル … 110	花芽分化 … 18
ダイレクトドライブ式 … 124	電気鋸 … 111	はね梃子法 … 65
高枝剪定鋏 … 13	添景物 … 102	盤木 … 70
高垣 … 15	天端刈り … 17	ハンマー … 63
鏨 … 62	動滑車 … 70	ひざ形 … 5
竹垣 … 42, 57, 60, 110	冬期剪定 … 14	びしゃん … 63
竹梯子 … 20	胴つき鋸 … 43	平鏨 … 62
竹挽き鋸 … 44	胴縁 … 44	ブーム … 126
竹穂 … 98	徒長枝 … 18	畚 … 100
竹箒 … 11, 98	突起 … 63	不整地運搬車 … 124

ブッカケ梯子	21	薪引き鋸	19	横引き	19
ブッタクリ	71	丸太梯子	20	四つ目錐	46
舟こぎ式	65	回し引き鋸	44		
振り分け結束	75, 78	箕	11, 99	**ら**	
篩	106	幹回り	59		
ブロワー	11, 117	三つ目錐	46	両刃鋸	43
粉砕	118	向待鑿	48	レーキ	27
噴霧器	117	目地鏝	93	煉瓦鏝	93
平角取り	65	目立て	45	レンタル化	127
ヘッジトリマ	113	目立てやすり	20	練積み	93
ベルトスリング	89	目通し部分	89	ローラ	123
ペンチ	34	モーメントリミッタ	123	六角柱鏨	62
ホイールクレーン	122	持ち梃子法	65		
ホイール式ローダ	122	元口	53	**わ**	
防塵めがね	111	元肥	27		
棒刀錐	47			ワイヤーロープ	90
穂先	11	**や**		和風枯山水	27
保護帽	3			わらび手	11
保護マスク	3	柳刃鏝	95	割掛け	35, 75, 78
保護めがね	3	遣方	23, 28, 34, 57	割栗石	29
ほぞ	43	油圧式	124		
		油圧ショベル（クローラ式）	126		
ま		油圧ショベル（ホイール式）	127		
		溶接	90		
巻尺	58	横枝掛け	21		

委員一覧

平成10年12月

＜監修委員＞

前田 宗正　　株式会社 昭和造園

＜執筆委員＞

吉村 金男　　株式会社 吉村造園

（委員名は五十音順，所属は執筆当時のものです）

厚生労働省認定教材	
認定番号	第59071号
認定年月日	平成10年9月28日
改定承認年月日	平成23年2月9日
訓練の種類	普通職業訓練
訓練過程名	普通課程

造園用手工具・機械及び作業法　　　　　　　　　　　　　　Ⓒ

平成10年12月 1日　初版発行　　　　　　定価：本体 1,400円＋税
平成23年 3月25日　改訂版発行
平成30年 3月25日　3 刷発行

編集者　　独立行政法人 高齢・障害・求職者雇用支援機構
　　　　　職業能力開発総合大学校 基盤整備センター

発行者　　一般財団法人 職業訓練教材研究会

〒162-0052
東京都新宿区戸山1丁目15-10
電　話　　03 (3203) 6235
FAX　　03 (3204) 4724
http://www.kyouzaiken.or.jp

編者・発行者の許諾なくして本書に関する自習書・解説書若しくはこれに類するものの発行を禁ずる。

ISBN978-4-7863-1119-2